DANTE AL

LA DIVINA COMMEDIA

A cura di Alberto Cristofori

LeggerMENTE I GRANDI CLASSICI

La Spiga

Gruppo
Editoriale
ELi

Dante Alighieri
La Divina Commedia
A cura di Alberto Cristofori

Responsabile editoriale: Beatrice Loreti
Art director: Marco Mercatali
Responsabile di produzione: Francesco Capitano
Redazione: Carla Quattrini

Progetto grafico: Sergio Elisei
Impaginazione: CentroImmagine
Illustrazioni: Michela Ameli (Glifo Design)
Le illustrazioni delle pagine 9, 110 e 166 sono di Mario Castellani

Copertina: Adami Design
Illustrazione: Michela Ameli (Glifo Design)
Foto: Shutterstock, Archivio ELI – La Spiga Edizioni

© 2017 ELI – La Spiga Edizioni
Via Brecce – Loreto
tel. 071 750 701
info@elilaspigaedizioni.it
www.gruppoeli.it

Stampato in Italia presso
Tecnostampa - Pigini Group Printing Division - Loreto - Trevi
12.83.106.5

ISBN 978-88-468-3068-5

Indice

Il progetto del libro 5

1. Prologo 7

■ INFERNO 9

2. La selva oscura 10

   Enciclopedia 17

   Attività 18

3. L'Acheronte e il Limbo 20

   Enciclopedia 30

   Attività 31

4. Paolo e Francesca 33

   Enciclopedia 42

   Attività 43

5. La corruzione di Firenze: da Ciacco a Farinata 45

   Enciclopedia 55

   Attività 56

6. Pier della Vigna e Brunetto Latini 59

   Enciclopedia 65

   Attività 66

7. I diavoli di Malebolge 68

   Enciclopedia 77

   Attività 78

8. Ulisse 80

   Enciclopedia 89

   Attività 90

9. Il conte Ugolino 92

   Enciclopedia 100

   Attività 101

10. Lucifero 102

   Enciclopedia 107

   Attività 108

■ PURGATORIO 110

11. L'arrivo nel purgatorio 111

   Enciclopedia 119

   Attività 120

12. Scomunicati e pigri 122

   Enciclopedia 130

   Attività 131

13. Riflessioni politiche: da Sordello a Marco Lombardo 133

   Enciclopedia 143

   Attività 144

14. Chiacchiere tra poeti ... 146

   Enciclopedia 154

   Attività 155

15. Il paradiso terrestre: Matelda e Beatrice 158

   Enciclopedia 163

   Attività 164

■ PARADISO...................... 166

16. Primi incontri: Piccarda e Costanza 167
    Enciclopedia.................. 174
    Attività 175

17. Giustiniano e l'impero provvidenziale...................... 177
    Enciclopedia.................. 183
    Attività 184

18. San Francesco e san Domenico 186
    Enciclopedia.................. 196
    Attività 198

19. Cacciaguida e la missione del poeta 201

    Enciclopedia.................. 208
    Attività 209

20. La visione di Dio 211
    Enciclopedia.................. 219
    Attività 220

21. Epilogo 222

Dossier
Vita e opere di Dante.......... 223
La *Divina Commedia*.......... 227
Intervista all'illustratrice.... 233

Indici analitici
    I perché di Dante.......... 234
    Voci Enciclopedia 236

I nomi contrassegnati da asterisco sono riportati nell'Enciclopedia a fine capitolo.

L'intero testo viene proposto anche in forma di audiolibro, scaricabile in mp3 dal sito **www.laspigaedizioni.it**.

IL PROGETTO DEL LIBRO

Questo libro racconta **La Divina Commedia** di **Dante Alighieri**, dalla selva oscura in cui il poeta si smarrisce all'inizio dell'*Inferno* alla visione di Dio che conclude il *Paradiso*. Il racconto del poema è "incorniciato" da un **Prologo** e da un **Epilogo**, in cui si narra la morte di Dante a Ravenna, nel 1321, in seguito alle febbri contratte attraversando le Valli di Comacchio.

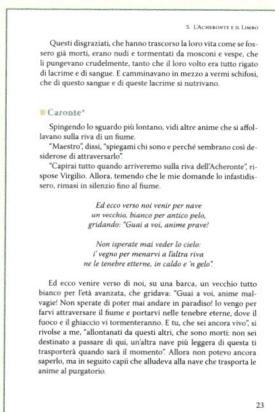

Il testo è diviso in tre parti, corrispondenti alle tre cantiche, e in diciannove capitoli (più il Prologo e l'Epilogo). All'interno di ciascun capitolo si trova il **racconto in prosa**, condotto sulla falsariga del poema e intercalato da alcuni **versi del testo originale**, scelti fra i più famosi e memorabili. Il loro significato è sempre spiegato nel testo in prosa, subito prima o subito dopo la citazione. Il libro è quindi anche una sintetica antologia della *Divina Commedia*.

Il testo è scandito in **paragrafi titolati**, per facilitare il ripasso al termine della lettura, ed è accompagnato da box, **I perché di Dante**, che hanno lo scopo di suscitare una prima riflessione sui problemi che Dante pone al suo lettore, stimolando una lettura attiva e partecipe. I box sono collocati a piè di pagina e costituiscono un'espansione utile, ma non indispensabile alla comprensione del testo.

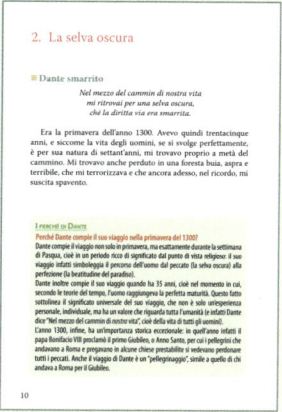

Le notizie storiche e biografiche sui personaggi citati si trovano nella *Enciclopedia* posta al termine di ciascun capitolo. Un asterisco accanto al nome segnala nel testo la presenza della voce enciclopedica a poche pagine di distanza.

Al termine di ciascun capitolo si trovano delle **Attività**, suddivise in tre momenti:
– *comprensione*,
– *analisi*,
– *lingua e stile*.

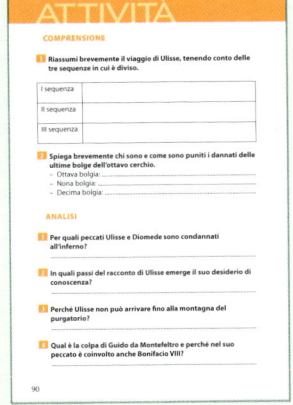

Al termine del volume, si trovano vari **materiali di approfondimento**:
– informazioni essenziali su *vita e opere di Dante*;
– due *indici analitici* (dei box *I perché di Dante* e delle voci della *Enciclopedia*).

1. Prologo

Ravenna, 1321

Non avrei mai creduto che finisse così. Dopo tanti viaggi difficili, tante missioni da cui (lo sapevo) avrei potuto non tornare, questa a Venezia sembrava una sciocchezza – e invece eccomi qui, in un letto, in preda a una febbre che non vuole andarsene e che nessun medico riesce a guarire.

I signori di Ravenna mi hanno trattato bene, non posso lamentarmi. In fondo chi sono io? Uno straniero, un fiorentino, condannato all'esilio dai suoi concittadini. Anzi, condannato a morte, io e i miei figli, quando mi sono rifiutato di tornare a condizioni umilianti. Sono più di vent'anni, ormai, che passo da una corte italiana all'altra, offrendo i miei servigi a questo e a quel signore, finalmente credevo di aver trovato una nuova patria – e invece...

Avrò preso freddo? Certo alla mia età non sono più forte come un tempo: cinquantasei anni si fanno sentire... Sarà piuttosto una di quelle febbri che si prendono nelle Valli di Comacchio: i medici non sono riusciti a stabilirlo, ma in ogni caso non sanno come guarirle – non sanno neanche perché si prendono: parlano di aria malsana! A Firenze, tra le botteghe dei tintori che avvelenano l'Arno, le vie strette e sporche, le case affastellate le une sulle altre, fredde e buie, ho respirato l'aria più malsana del mondo, eppure non mi sono mai ammalato per questo!

Firenze... Mi sembra di averla sempre davanti agli occhi – il mio bel San Giovanni, soprattutto, il battistero dove ha avuto inizio la mia vita. Ma chissà com'è cambiata, in tutti questi anni? Si parla di una nuova cattedrale, gigantesca, di un nuovo campanile, che potrebbe progettare Giotto: riusciranno mai a realizzarli?

Anche di Giotto ho parlato nella mia *Commedia*. E di Firenze, certo: della bella Firenze di una volta, e di quella corrotta, avida, superba di oggi. Ho reso la mia città (la mia vita?) protagonista del mio poema, e ne sono orgoglioso.

Orgoglioso, dico. Ah, sì, ho sempre saputo che l'orgoglio è la mia maggiore debolezza, ma non posso fare a meno di sentirmi orgoglioso. Fra tanti progetti incompiuti, almeno questo sono riuscito a finirlo. Appena in tempo, forse, ma l'ho finito. L'*Inferno* e il *Purgatorio* sono pubblicati, e molti li hanno apprezzati. Il *Paradiso* è pronto, se proprio dovessi morire penserà mio figlio Pietro a divulgarlo. E magari, chissà, anche a commentarlo: mi hanno fatto notare che ci sono alcune oscurità, nelle prime due cantiche. Se guarissi forse potrei... Ma no, meglio lasciare tutto com'è. Non avrei più la forza per rimetterci mano. Saranno altri, adesso, a continuare il lavoro.

Ecco, sento che la febbre torna. I contorni delle cose si fanno confusi. Ho nella testa un caos di ricordi, di sensazioni, di idee, di rimpianti... E su tutto, ossessiva, la visione di vent'anni fa – vent'anni? no, un po' meno, forse, ma che importanza ha, ormai?

La rivedo, la rivedo nei particolari. La selva oscura, Caronte, Paolo e Francesca. E Beatrice, oh, Beatrice, è il tuo nome o la febbre che mi dà questo brivido, che mi toglie il fiato, che mi fa avvampare le guance? Dicono che in punto di morte si ripercorra tutta la propria esistenza. Io, se davvero sto morendo in questa Ravenna autunnale, ripercorro sempre e soltanto la mia *Commedia*, il mio viaggio straordinario, la mia avventura meravigliosa...

Inferno

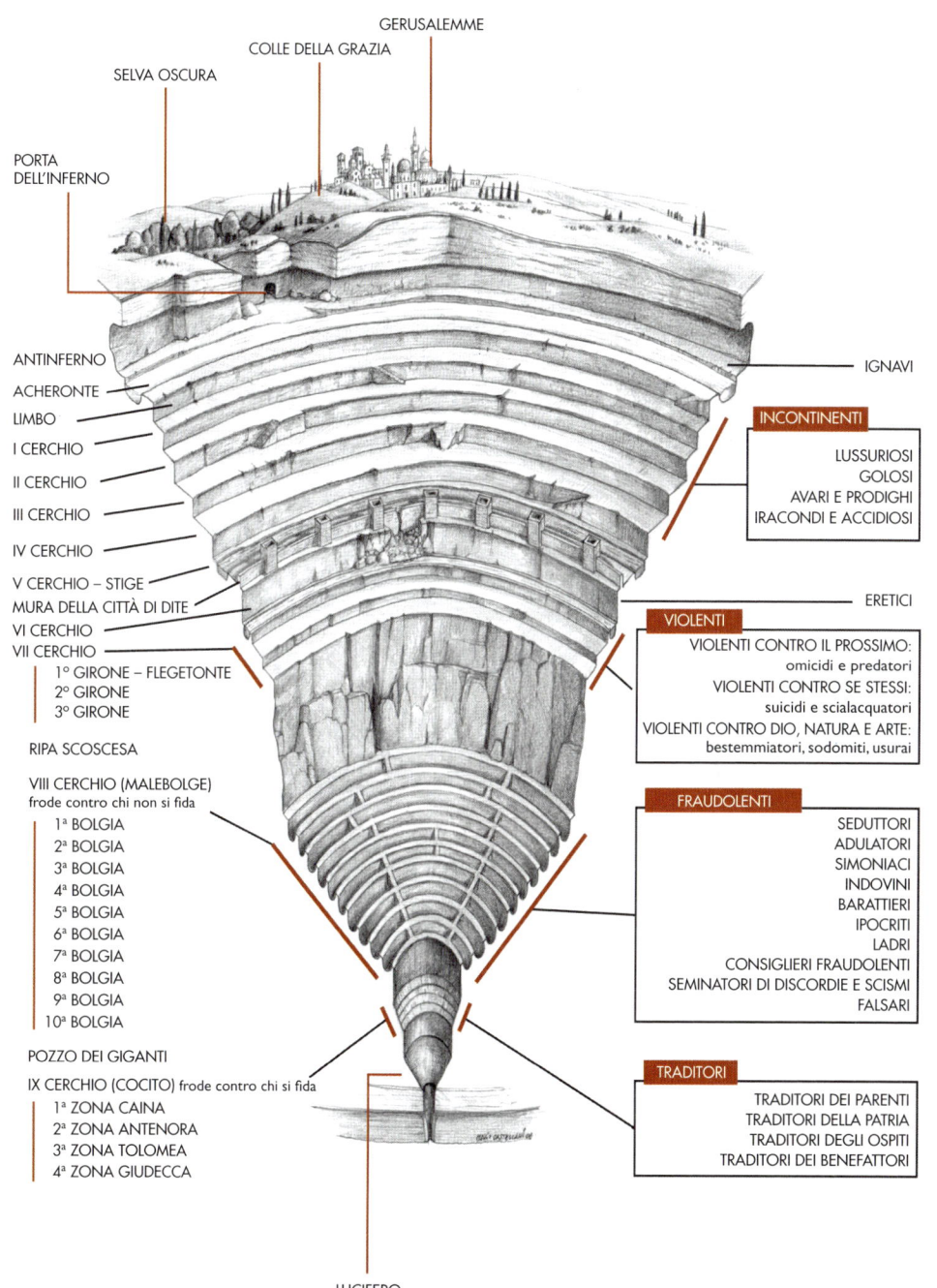

GERUSALEMME

COLLE DELLA GRAZIA

SELVA OSCURA

PORTA
DELL'INFERNO

ANTINFERNO — IGNAVI
ACHERONTE
LIMBO
I CERCHIO

INCONTINENTI

II CERCHIO
LUSSURIOSI
GOLOSI
AVARI E PRODIGHI
III CERCHIO
IRACONDI E ACCIDIOSI

IV CERCHIO

V CERCHIO – STIGE
ERETICI
MURA DELLA CITTÀ DI DITE
VI CERCHIO
VIOLENTI
VII CERCHIO
VIOLENTI CONTRO IL PROSSIMO:
1° GIRONE – FLEGETONTE
omicidi e predatori
2° GIRONE
VIOLENTI CONTRO SE STESSI:
3° GIRONE
suicidi e scialacquatori
VIOLENTI CONTRO DIO, NATURA E ARTE:
RIPA SCOSCESA
bestemmiatori, sodomiti, usurai

VIII CERCHIO (MALEBOLGE)
frode contro chi non si fida
FRAUDOLENTI
1ª BOLGIA
SEDUTTORI
2ª BOLGIA
ADULATORI
3ª BOLGIA
SIMONIACI
4ª BOLGIA
INDOVINI
5ª BOLGIA
BARATTIERI
6ª BOLGIA
IPOCRITI
7ª BOLGIA
LADRI
8ª BOLGIA
CONSIGLIERI FRAUDOLENTI
9ª BOLGIA
SEMINATORI DI DISCORDIE E SCISMI
10ª BOLGIA
FALSARI

POZZO DEI GIGANTI

IX CERCHIO (COCITO) frode contro chi si fida
TRADITORI
1ª ZONA CAINA
TRADITORI DEI PARENTI
2ª ZONA ANTENORA
TRADITORI DELLA PATRIA
3ª ZONA TOLOMEA
TRADITORI DEGLI OSPITI
4ª ZONA GIUDECCA
TRADITORI DEI BENEFATTORI

LUCIFERO

2. La selva oscura

Dante smarrito

> *Nel mezzo del cammin di nostra vita*
> *mi ritrovai per una selva oscura,*
> *ché la diritta via era smarrita.*

Era la primavera dell'anno 1300. Avevo quindi trentacinque anni, e siccome la vita degli uomini, se si svolge perfettamente, è per sua natura di settant'anni, mi trovavo proprio a metà del cammino. Mi trovavo anche perduto in una foresta buia, aspra e terribile, che mi terrorizzava e che ancora adesso, nel ricordo, mi suscita spavento.

I PERCHÉ DI DANTE

Perché Dante compie il suo viaggio nella primavera del 1300?

Dante compie il viaggio non solo in primavera, ma esattamente durante la settimana di Pasqua, cioè in un periodo ricco di significato dal punto di vista religioso: il suo viaggio infatti simboleggia il percorso dell'uomo dal peccato (la selva oscura) alla perfezione (la beatitudine del paradiso).

Dante inoltre compie il suo viaggio quando ha 35 anni, cioè nel momento in cui, secondo le teorie del tempo, l'uomo raggiungeva la perfetta maturità. Questo fatto sottolinea il significato universale del suo viaggio, che non è solo un'esperienza personale, individuale, ma ha un valore che riguarda tutta l'umanità (e infatti Dante dice "Nel mezzo del cammin di *nostra* vita", cioè della vita di tutti gli uomini).

L'anno 1300, infine, ha un'importanza storica eccezionale: in quell'anno infatti il papa Bonifacio VIII proclamò il primo Giubileo, o Anno Santo, per cui i pellegrini che andavano a Roma e pregavano in alcune chiese prestabilite si vedevano perdonare tutti i peccati. Anche il viaggio di Dante è un "pellegrinaggio", simile a quello di chi andava a Roma per il Giubileo.

Non so come ci fossi entrato – dovevo essere molto stanco, quando avevo abbandonato la retta via e mi ero perso in quella valle fatale. Ma a un certo punto la valle finì ai piedi di una collina, la cui cima era già illuminata dal sole. E a quella vista, pensando che il sole è l'astro che con la sua luce ci guida nel corso della nostra esistenza, la paura si placò un poco.

Per farvi capire meglio il mio stato d'animo in quel momento, vi dirò che mi sentivo come un naufrago che, dopo aver raggiunto a nuoto la riva, si volta ansimando a guardare il mare tempestoso a cui è appena sfuggito; allo stesso modo io, che nella mia mente stavo ancora scappando, mi girai a guardare quella foresta orribile da cui nessuno era mai uscito vivo.

> *E come quei che con lena affannata,*
> *uscito fuor del pelago a la riva,*
> *si volge a l'acqua perigliosa e guata,*
>
> *così l'animo mio, ch'ancor fuggiva,*
> *si volse a retro a rimirar lo passo*
> *che non lasciò già mai persona viva.*

I perché di Dante

Perché nessuno è mai uscito vivo dalla selva oscura?

La *Divina Commedia* è un poema allegorico: ciò significa che i vari elementi del racconto, accanto al significato letterale, hanno un significato simbolico. La "selva oscura" in cui Dante si smarrisce non è quindi una normale foresta, ma simboleggia il peccato, il male, da cui il poeta in una certa fase della sua vita si lascia quasi sopraffare.

Liberarsi dal peccato è difficile, soprattutto se si è in una situazione di debolezza, di spaesamento, di timore, come quella di Dante. Il poeta cerca di liberarsi dal peccato, cioè di uscire dalla selva, salendo il colle illuminato dai raggi del sole; ma il suo tentativo sarebbe destinato al fallimento, se non intervenisse un aiuto esterno, cioè Virgilio.

Le tre fiere

Ai piedi della collina mi fermai un po' a riposare, poi incominciai a salire, in perfetta solitudine, pensando di raggiungere presto la cima illuminata. Ma tutt'a un tratto, proprio all'inizio della salita, mi comparve dinanzi una lonza, agile e leggera, con il pelo tutto maculato, e mi sbarrò la strada, costringendomi a tornare più volte sui miei passi.

Siccome era una bella mattina di primavera, non mi lasciai scoraggiare. Ma l'apparire di una seconda belva, un leone, mi riempì di spavento: sembrava infatti che venisse proprio contro di me, con la testa alta, in preda alla rabbia e alla fame, diffondendo terrore tutt'intorno a sé.

E subito dietro, ecco una lupa, la più magra che si possa immaginare. La paura che mi provocò questa terza belva fu talmente forte che persi la speranza di poter mai raggiungere la cima della collina e a poco a poco incominciai a ridiscendere nel buio della selva.

Virgilio*

Proprio in quel momento, mentre sprofondavo nell'oscurità, mi comparve dinanzi agli occhi una forma che parlava, e parlava con voce fioca, come chi è stato in silenzio per troppo tempo.

> *Mentre ch'i' rovinava in basso loco,*
> *dinanzi a li occhi mi si fu offerto*
> *chi per lungo silenzio parea fioco.*

"Pietà di me!", gridai, "chiunque tu sia, uomo o fantasma!".

"Non sono un uomo", mi rispose lui, "ma lo sono stato: i miei genitori erano mantovani e io sono nato all'epoca di Giulio Cesare, poco prima che lui morisse, e sono quindi vissuto a Roma sotto il governo del buon imperatore Augusto, all'epoca degli dei pagani. Sono stato poeta, e nella mia opera più importante ho raccontato di Enea*, figlio di Anchise, che fuggì da Troia dopo l'incendio della sua città. Ma tu perché vuoi tornare a soffrire? Perché non sali la collina dove troveresti la felicità?".

"Tu sei dunque l'anima di Virgilio?", risposi abbassando la testa in segno di umiltà, "il poeta che è stato per me sempre un modello di perfezione? In nome della lunga fatica con cui mi sono dedicato a studiare le tue opere, aiutami, ti prego: vedi quella bestia che mi ha messo in fuga... Aiutami a vincere la paura che mi infonde, tu che sei così saggio!".

"Se vuoi uscire vivo da questa foresta, tu devi fare un altro percorso", mi disse allora, vedendomi piangere, "perché quella bestia orribile non lascia passare nessuno senza mangiarselo. Anzi, è talmente malvagia che dopo aver mangiato ha più fame di prima. Ma non devi pensare che sarà sempre così: un giorno verrà un uomo pieno di sapienza, di amore e di virtù, e salverà l'Italia, quell'Italia per cui sono morti in passato, come racconto nella mia *Eneide*, il re latino Turno, la sua alleata Camilla e i suoi nemici Eurialo e Niso, compagni di Enea. Come un veltro, un cane da caccia, inseguirà la lupa dappertutto, finché non l'avrà rimessa nell'inferno, da cui l'invidia, lo spirito di competizione, il desiderio di superare gli altri, l'ha fatta uscire tanto tempo fa".

I PERCHÉ DI DANTE

Perché Dante sceglie come guida Virgilio?

Dante sceglie di farsi guidare nell'inferno e nel purgatorio da Virgilio perché Virgilio costituiva il suo modello poetico. La *Divina Commedia* è infatti un'opera che "sfida", a distanza di secoli, l'*Eneide* di Virgilio, per l'importanza dei temi che affronta e per il suo carattere universale, di narrazione rivolta a tutti gli uomini.

Virgilio, inoltre, nel Medioevo era considerato un "anticipatore" del cristianesimo: pur essendo stato pagano, infatti, egli esprime nelle sue opere una sensibilità e dei valori che sembrano anticipare quelli del *Vangelo*. Per questo Virgilio era considerato un grande saggio, addirittura un profeta.

▦ L'annuncio del viaggio

"Quindi", riprese Virgilio, "io penso che per te la cosa migliore sia intraprendere un viaggio insieme a me: io ti guiderò attraverso l'inferno, dove vedrai le anime dannate e sentirai le loro grida disperate, e attraverso il purgatorio, dove vedrai le anime che, pur essendo immerse nel fuoco, sono contente, perché sperano prima o poi di andare in paradiso. E se poi vorrai andare anche tu fin lassù, ti lascerò con un'anima più degna di me, che potrà accompagnarti fra i beati. Io infatti, siccome sono stato pagano, non posso entrare nel regno di Dio, né partecipare alla sua gioia".

"Poeta", dissi allora, "in nome di quel Dio che tu non hai conosciuto quand'eri in vita, ti prego di aiutarmi a fuggire da qui e di portarmi dove hai appena detto, in modo che possa vedere le anime che soffrono e la porta del purgatorio".

Virgilio si mosse e io lo seguii.

I PERCHÉ DI DANTE

Perché la lupa, dopo mangiato, ha più fame di prima?

Le tre fiere che impediscono a Dante di salire verso la sommità del colle hanno un valore simbolico: la lonza (una specie di leopardo) simboleggia la lussuria (cioè i peccati legati alla sessualità); il leone simboleggia la superbia e la violenza; la lupa simboleggia l'avidità. Per questo la lupa, dopo mangiato, ha più fame di prima: perché l'avido non si accontenta mai e ogni volta che soddisfa un desiderio sente nascere in sé un desiderio nuovo.

La lupa è la fiera più terribile, secondo Dante, perché il peccato che simboleggia era molto diffuso: Dante vive infatti in un'epoca in cui si afferma la borghesia mercantile, che secondo Dante vive in base a principi (come il guadagno, il profitto ecc.) contrari al cristianesimo. Per questo, il poeta fa pronunciare a Virgilio la cosiddetta "profezia del veltro": un giorno arriverà, mandato da Dio, un cane da caccia che spingerà di nuovo la lupa nell'inferno e restaurerà in Italia i valori religiosi più autentici. Il veltro rappresenta simbolicamente un grande santo, o forse un grande riformatore politico ispirato da Dio, insomma qualcuno capace di modificare profondamente la mentalità e i comportamenti degli uomini.

Dubbi di Dante

Parlando così con Virgilio, la giornata era trascorsa quasi interamente, e il sole stava ormai calando. Tutti gli esseri viventi si preparavano a riposarsi e a dormire, io solo mi accingevo ad affrontare il duro cammino che Virgilio mi aveva anticipato. Ma proprio in quel momento mi sentii cogliere da un dubbio terribile.

Prima di me, due soli uomini avevano potuto visitare l'aldilà mentre erano ancora in vita: Enea, che era sceso agli inferi per parlare con suo padre Anchise e conoscere il proprio futuro, e san Paolo*, che era stato rapito dagli angeli e aveva visto il paradiso.

"Ma in entrambi i casi", dissi a Virgilio, "si capisce bene la ragione per cui questi uomini sono stati scelti a compiere un'esperienza così eccezionale: Enea è il capostipite da cui sono discesi i fondatori dell'impero romano, e l'impero romano è stato voluto da Dio perché Gesù potesse nascere in un mondo unificato sotto un solo sovrano e diffondere quindi a tutti gli uomini il suo messaggio di salvezza; san Paolo è stato il più importante organizzatore del cristianesimo, poco dopo la morte di Gesù, e quindi anche il suo viaggio è stato sicuramente voluto da Dio affinché la chiesa potesse rafforzarsi e affermarsi. Ma io non sono né Enea né Paolo: perché sono stato scelto? Siamo proprio sicuri che fare questo viaggio non sia una follia, un atto di presunzione e di orgoglio?".

Ma io, perché venirvi? o chi 'l concede?
Io non Enëa, io non Paulo sono; (...)

se del venire io m'abbandono,
temo che la venuta non sia folle.

Spiegazione di Virgilio

Virgilio mi guardò con aria di rimprovero: "Non è il momento di avere esitazioni", disse. "Non fare come quelli – e ce ne sono tanti! – che incominciano qualcosa e subito cambiano idea e si tirano indietro. Ma per rassicurarti, visto che sei ancora in preda a mille paure, ti racconterò perché sono venuto a salvarti. Io me ne stavo nel Limbo, tra le anime di coloro che non soffrono, perché non hanno commesso peccati, ma sono escluse dalla beatitudine del paradiso, perché non sono stati cristiani. E dal cielo è scesa un'anima splendente come una stella, che mi disse di chiamarsi Beatrice e mi pregò di correre in tuo aiuto. Non solo lei, disse, ma anche santa Lucia*, a cui tu sei tanto devoto, e perfino la Madonna, proteggono il tuo viaggio. E allora perché dubiti ancora? Perché ti mostri così timoroso e privo di coraggio?".

"Basta", dissi, "se le cose stanno così, sono deciso a seguirti.

> *Or va, ch'un sol volere è d'ambedue:*
> *tu duca, tu segnore e tu maestro.*

Vai pure, la mia volontà è identica alla tua, e ti riconosco come guida, come signore e come maestro".

Virgilio riprese il cammino e io gli tenni dietro.

I PERCHÉ DI DANTE

Perché Dante può compiere il suo viaggio eccezionale?

Se leggi attentamente la risposta di Virgilio ai dubbi di Dante, ti accorgerai che non si tratta di una vera risposta. Dante chiede infatti: "Perché sono stato scelto per compiere questo viaggio?" e Virgilio in sostanza risponde: "Non preoccuparti, hai la protezione di Beatrice, di santa Lucia e della Madonna". Certo, la risposta tranquillizza Dante, ma non spiega perché sia stato scelto a tanto onore.

La vera risposta verrà fornita a Dante solo nel paradiso, dal suo antenato Cacciaguida: egli è stato scelto perché è un grande poeta e la sua opera, cioè il racconto del suo viaggio e degli incontri che ha fatto nel corso del viaggio stesso, aiuterà l'umanità intera a uscire dal peccato e a riavvicinarsi a Dio.

Virgilio

Publio Virgilio Marone (70-19 a.C.), mantovano, è uno dei più importanti poeti della letteratura latina. È autore di tre opere: le *Bucoliche* (in cui descrive, idealizzandola, la vita dei pastori), le *Georgiche* (in cui descrive la vita dei contadini e degli allevatori, mettendone in luce gioie e dolori) e l'*Eneide* (un poema epico in cui narra la storia di Enea, fuggito da Troia alla fine della guerra e approdato in Italia, dove i suoi discendenti fonderanno Roma). Nella *Divina Commedia* Virgilio è nello stesso tempo il poeta realmente vissuto e studiato da Dante e una figura allegorica, simbolo della ragione umana.

Enea

È un personaggio della mitologia classica (ma Dante pensava che fosse un personaggio storico, realmente vissuto). Figlio del troiano Anchise e della dea Venere, fugge da Troia quando la città viene conquistata dagli Achei, percorre il Mediterraneo diretto in Italia e sbarca nel Lazio, dove fonda una città, antenata di Roma. Le sue vicende sono narrate da Virgilio nell'*Eneide*, il più importante poema epico della letteratura latina. Dante lo vede nel Limbo (il primo cerchio dell'inferno), tra le anime dei grandi uomini pagani.

San Paolo

Paolo di Tarso è una delle figure più importanti del cristianesimo. Visse nel I secolo d.C., si convertì al cristianesimo poco dopo la morte di Gesù (che non conobbe mai) e diventò uno dei principali organizzatori della chiesa primitiva. A lui si deve l'elaborazione della teoria secondo cui l'impero romano era stato voluto da Dio perché Gesù nascesse in un mondo politicamente unificato e il suo messaggio potesse quindi raggiungere tutti gli uomini (naturalmente il "mondo" coincideva, per Paolo, con il Mediterraneo e i paesi che vi si affacciavano). Dante, nella *Divina Commedia*, ripete spesso questo concetto: per lui l'impero dei suoi tempi è erede di quello romano e quindi anch'esso è voluto da Dio.

Santa Lucia

Nata a Siracusa nel 283 d.C., morì vittima delle persecuzioni dell'imperatore Diocleziano nel 304, a soli 21 anni di età. A causa di una errata interpretazione del suo nome (che ricorda la parola "luce"), è da sempre considerata protettrice della vista: forse per questo Dante, che soffriva di gravi disturbi agli occhi, le era particolarmente affezionato e ne parla più volte nella *Divina Commedia*.

ATTIVITÀ

COMPRENSIONE

1 **Rimetti in ordine cronologico i seguenti avvenimenti:**
- ☐ Dante si smarrisce nella selva oscura
- ☐ Dante incontra Virgilio
- ☐ Dante incontra le tre fiere
- ☐ Beatrice va a parlare con Virgilio
- ☐ Dante vede la cima del colle illuminata
- ☐ il sole tramonta

2 **Leggi attentamente i seguenti versi e rispondi alle domande.**

Nel mezzo del cammin di nostra vita
mi ritrovai per una selva oscura,
ché la diritta via era smarrita.

- – Quando incomincia il viaggio di Dante?
- – Dove si trova il poeta?
- – Perché?

ANALISI

1 **Quand'è che Dante compie il suo viaggio? Come si spiega questa scelta?**
- – Sul piano personale, perché Dante ....
- – Sul piano collettivo, perché ....

2 **Quali sentimenti prova Dante nella prima pagina della** *Commedia***?**
- – Paura, perché ....
- – Speranza, perché ....

3 Che cosa simboleggiano le tre fiere incontrate da Dante all'inizio del cammino?

Lonza	
Leone	
Lupa	

4 Chi era Virgilio? Che cosa simboleggia, nella *Divina Commedia*?

....

5 Perché Dante non può compiere il suo viaggio da solo?

....

6 Perché Virgilio non può accompagnare Dante in paradiso?

....

7 Quand'è che Beatrice scende nel Limbo e chiede aiuto a Virgilio?

....

8 Chi altri, prima di Dante, aveva potuto visitare l'aldilà da vivo e perché?

....

LINGUA E STILE

1 Spiega il significato delle seguenti parole presenti nel testo:
selva: ....
fiera: ....
duca: ....

2 Rileggi i versi in cui Dante descrive il suo stato d'animo quando sta per uscire dalla selva oscura (pag. 11). Quale figura retorica usa il poeta? Motiva la tua risposta.

3. L'Acheronte e il Limbo

La porta dell'inferno

Per me si va ne la città dolente,
per me si va ne l'etterno dolore,
per me si va tra la perduta gente.

Giustizia mosse il mio alto fattore;
fecemi la divina podestate,
la somma sapïenza e 'l primo amore.

Dinanzi a me non fuor cose create
se non etterne, e io etterno duro.
Lasciate ogne speranza, voi ch'intrate.

Sulla sommità di una porta vidi scritte in nero queste parole: "Attraverso di me si va nella città del dolore, attraverso di me si va nel dolore eterno, senza fine, attraverso di me si va tra le anime dannate. È stata la giustizia che ha spinto Dio a crearmi – quel Dio che è nello stesso tempo potente, saggio e amoroso. Tutto ciò che è stato creato prima di me è eterno, e anch'io sono destinato a durare eternamente. Abbandonate ogni speranza, voi che entrate".

I PERCHÉ DI DANTE
Perché Dio ha creato l'inferno?

L'esistenza dell'inferno e la sua organizzazione sono state volute da Dio in base al criterio della giustizia, secondo cui i peccatori non pentiti devono essere puniti. Le pene dell'inferno sono eterne; alla nostra sensibilità questa eternità delle pene sembra in contrasto con il fatto che la giustizia divina è sempre temperata dall'amore di Dio per le sue creature. Alcuni teologi moderni, infatti, hanno ipotizzato che l'inferno sia vuoto, perché Dio, nella sua immensa bontà, saprà perdonare anche i peggiori tra i peccatori.

"Maestro", dissi a Virgilio, "queste sono parole terribili".

"Qui bisogna armarsi di coraggio", rispose lui. "Siamo arrivati, come ti avevo promesso, nel luogo in cui vedrai le anime di coloro che soffrono perché hanno perduto Dio". Mi prese per mano in segno di incoraggiamento e mi fece entrare in quel luogo segreto.

La porta era senza battenti, per cui potemmo entrare senza alcuna difficoltà: in seguito, Virgilio mi spiegò che essi erano stati infranti quando Gesù, dopo essere morto sulla croce, era sceso nel Limbo per prendere le anime dei grandi personaggi di cui narra la *Bibbia* (Adamo, Noè, Abramo, Mosè, ecc.) e portarle in paradiso.

■ Gli ignavi

Appena superata la porta, rimasi frastornato. L'inferno era quasi completamente buio, e mentre i miei occhi si abituavano a poco a poco all'oscurità, furono le mie orecchie a essere colpite da sensazioni violente e terribili.

> *Quivi sospiri, pianti e alti guai*
> *risonavan per l'aere sanza stelle,*
> *per ch'io al cominciar ne lagrimai.*

Sospiri, pianti, lamenti risuonavano là sotto, e io scoppiai a piangere. Sentivo intorno a me parole deformate in maniera orribile, grida di dolore e di rabbia, urla alternate a sussurri, battere di mani – un caos, in quel nero perenne, che mi faceva pensare a una tempesta di sabbia.

Alle mie affannose domande, Virgilio rispose: "Quelle che senti sono le anime degli ignavi, cioè di coloro

> *che visser sanza 'nfamia e sanza lodo,*

senza scegliere né il male né il bene, senza peccare e senza essere virtuosi. Insieme a loro si trovano gli angeli che, quando Lucifero si ribellò a Dio, non seguirono i ribelli, ma non si schierarono ne-anche con Dio, e se ne rimasero in disparte per conto loro. Il cielo li rifiuta, perché non hanno alcuna virtù; ma non possono entrare nell'inferno, perché non sono veri peccatori. E così sono costretti a starsene qui, in questo vestibolo, o anti-inferno: e si lamentano come senti perché la loro condizione, che li affliggerà per l'eterni-tà, è talmente disgustosa che invidiano qualunque altro destino. Non perdiamo tempo a parlare di loro:

non ragioniam di lor, ma guarda e passa".

E io guardai, perché gli occhi si erano ormai abituati all'oscu-rità, e vidi una bandiera che correva talmente veloce che non si poteva capire com'era fatta. E dietro veniva una schiera di anime talmente numerose che io non pensavo neanche che fosse mai esistita tanta gente – e fra queste anime riconobbi quella di Ce-lestino V*, il papa che per viltà rinunciò al suo incarico e lasciò il posto a Bonifacio VIII.

I PERCHÉ DI DANTE

Perché Dante è così severo nei confronti degli ignavi?

La pena a cui Dante condanna gli ignavi non è dolorosissima, ma è sicuramente una delle più disgustose dell'inferno. Essa si basa sulla legge del "contrappasso", secondo la quale la pena "capovolge" in qualche modo la colpa commessa: gli ignavi quindi, che in vita loro non si sono mai schierati, sono costretti a correre dietro a una bandiera che non significa niente e di cui non si vede neanche il disegno; sono sempre rimasti passivi, e adesso sono stimolati da vespe e mosconi che li costringono a correre; hanno sprecato la loro vita senza uno scopo e adesso sprecano le loro lacrime e il loro sangue per nutrire degli orribili vermi.

L'accanimento di Dante contro gli ignavi nasce probabilmente dal fatto che il poeta era un uomo di parte, appassionatamente impegnato nelle vicende del suo tempo, a livello culturale, politico, sociale, religioso, ecc. Per Dante, Dio ha dato all'uomo la ragione e la capacità di scegliere affinché l'uomo usi queste sue facoltà nella vita: la mancata scelta fra il bene e il male è quindi per lui una colpa gravissima.

Questi disgraziati, che hanno trascorso la loro vita come se fossero già morti, erano nudi e tormentati da mosconi e vespe, che li pungevano crudelmente, tanto che il loro volto era tutto rigato di lacrime e di sangue. E camminavano in mezzo a vermi schifosi, che di questo sangue e di queste lacrime si nutrivano.

Caronte*

Spingendo lo sguardo più lontano, vidi altre anime che si affollavano sulla riva di un fiume.

"Maestro", dissi, "spiegami chi sono e perché sembrano così desiderose di attraversarlo".

"Capirai tutto quando arriveremo sulla riva dell'Acheronte", rispose Virgilio. Allora, temendo che le mie domande lo infastidissero, rimasi in silenzio fino al fiume.

Ed ecco verso noi venir per nave
un vecchio, bianco per antico pelo,
gridando: "Guai a voi, anime prave!

Non isperate mai veder lo cielo:
i' vegno per menarvi a l'altra riva
ne le tenebre etterne, in caldo e 'n gelo".

Ed ecco venire verso di noi, su una barca, un vecchio tutto bianco per l'età avanzata, che gridava: "Guai a voi, anime malvagie! Non sperate di poter mai andare in paradiso! Io vengo per farvi attraversare il fiume e portarvi nelle tenebre eterne, dove il fuoco e il ghiaccio vi tormenteranno. E tu, che sei ancora vivo", si rivolse a me, "allontanati da questi altri, che sono morti: non sei destinato a passare di qui, un'altra nave più leggera di questa ti trasporterà quando sarà il momento". Allora non potevo ancora saperlo, ma in seguito capii che alludeva alla nave che trasporta le anime al purgatorio.

Virgilio, che lo conosceva bene, intervenne e disse: "Caronte, non ti arrabbiare: si vuole così in cielo, là dove si è liberi di fare ciò che si vuole; per cui non fare altre domande:

> *vuolsi così colà dove si puote*
> *ciò che si vuole, e più non dimandare".*

Il mio maestro mi confermava così che il mio viaggio era voluto da Dio e che nessuno poteva opporvisi. Caronte infatti si zittì.

Le anime dannate

Le anime che mi erano accanto, invece, impallidirono e si misero a tremare, sentendo quelle parole. Bestemmiavano Dio, i loro genitori, il momento in cui erano nate. Invece di fuggire, però, si avvicinarono tutte insieme alla riva e si accalcarono per salire sulla barca di Caronte, che aveva accostato per raccoglierle.

> *Caron dimonio, con occhi di bragia*
> *loro accennando, tutte le raccoglie;*
> *batte col remo qualunque s'adagia.*

I PERCHÉ DI DANTE

Perché le anime si affollano per salire sulla barca di Caronte?

Le anime dei dannati sono terrorizzate dalle parole di Caronte, ma invece di tentare la fuga si spingono l'una con l'altra per salire sulla barca del demonio. Virgilio spiega a Dante che questo accade perché "la divina giustizia li sprona" e fa in modo che la paura si trasformi in desiderio di scontare la pena.

Anche se sono all'inferno, le anime sono quindi sottoposte alla volontà di Dio, solo in casi molto rari tentano una ribellione, che viene subito punita. L'inferno non è quindi un luogo disordinato e caotico, al contrario, pur nel dolore esso rivela una struttura armoniosa, equilibrata, ben congegnata, degna del creatore dell'universo.

Il diabolico Caronte, guidandole senza parlare, solo col movimento dei suoi occhi rossi come la brace, le raccoglie, picchiando col remo quelle più lente. E così, come in autunno si vedono le foglie cadere a una a una dai rami degli alberi, io vidi tutte quelle anime staccarsi dalla riva e salire sulla barca.

"Mio caro figliolo", disse Virgilio intanto che attraversavamo il fiume, "quelle che hai visto sono le anime di coloro che muoiono senza essersi riconciliati con Dio e che arrivano qui da ogni parte del mondo. Di qui non passa mai nessun'anima buona, perciò il fatto che Caronte non volesse prenderti a bordo deve rincuorarti".

In quel preciso istante, però, la terra tremò come per un terremoto, e un lampo fortissimo mi accecò. I miei sensi cedettero all'improvviso e caddi svenuto.

▒ Il Limbo

Al mio risveglio, mi trovavo sull'orlo del primo cerchio dell'inferno, il Limbo. Incominciavo a capire la struttura dell'inferno: l'inferno è infatti un'immensa voragine, di cui, per quanto guardassi, non riuscivo a scorgere il fondo. E tutt'intorno all'abisso, come un cornicione, correva il primo cerchio.

Virgilio era più pallido di prima, cosa che mi preoccupò: come avrei fatto a proseguire il viaggio, se la mia guida si mostrava già così incerta e spaventata? Ma fu Virgilio stesso a rassicurarmi: la sua angoscia, mi disse, non era dovuta a paura o a incertezza sul cammino da seguire, ma al pensiero delle anime del Limbo, tra le quali solitamente si trovava anche lui.

Queste anime appartenevano ai grandi uomini che erano rimasti estranei alla religione cristiana, o perché vissuti prima di Gesù o perché appartenenti ad altre religioni, e ai bambini morti senza battesimo. Non essendo anime di peccatori, non erano tormentate se non dall'assenza di Dio, dal pensiero della loro lontananza dal paradiso.

"Siamo preda di un desiderio senza speranza", mi spiegò Virgilio.

Mi venne il desiderio di verificare se quello che avevo studiato era proprio vero, e chiesi: "Maestro, dimmi: è mai successo che qualcuno sia uscito dal Limbo e sia andato in paradiso?".

E lui, pazientemente, mi confermò quello che già sapevo: "Sì. Io ero morto da pochi anni quando scese un'anima forte e con in testa la corona dei vincitori...".

Era l'anima di Gesù, come ho già detto, morto sulla croce e sceso a salvare Adamo, suo figlio Abele, Noè, Abramo, Giacobbe, Mosè, Rachele e molti altri personaggi dell'*Antico Testamento*.

Prima di loro, nessuno era mai entrato in paradiso, perché il peccato originale commesso da Adamo ed Eva aveva creato una frattura tra l'uomo e Dio – e solo con la morte e la risurrezione di Gesù questa frattura si è ricomposta e gli uomini possono aspirare alla salvezza eterna.

I PERCHÉ DI DANTE

Perché i bambini non battezzati sono nel Limbo?

Dante nella *Divina Commedia* accenna soltanto, senza insistere, al fatto che nel Limbo, oltre ai grandi uomini non cristiani, si trovano anche i bambini morti non battezzati. Il fatto che un bambino, solo perché privo di battesimo (ovviamente non per colpa sua), non possa entrare in paradiso, alla nostra sensibilità (e forse anche a quella di Dante) sembra un'ingiustizia, indegna di un Dio paterno e amoroso – non a caso i teologi oggi hanno cambiato opinione e sostengono che i bambini possono entrare in paradiso anche senza battesimo.

Possiamo chiederci perché ai tempi di Dante si era affermata l'idea contraria. Forse la risposta è che, a quei tempi, il battesimo aveva un significato diverso da quello che gli attribuiamo noi oggi: per secoli, nel Medioevo, il battesimo era stato somministrato ai "barbari" che si convertivano e che entravano così a far parte della civiltà. Non essere battezzati era quindi un segno di esclusione grave.

I grandi poeti antichi

Mentre Virgilio parlava, non smettevamo di procedere attraverso una vera e propria calca di anime. In breve giungemmo in vista di una grande luce e io mi accorsi che intorno a quella luce erano raccolte delle anime speciali, distinte da tutte le altre.

"Sono le anime che hanno lasciato nel mondo una grande fama", mi spiegò Virgilio, "e che per questo vengono trattate anche qui in maniera speciale".

In quel momento sentii una voce che gridava: "Onorate il grande poeta: la sua anima, che si era allontanata, sta tornando". E quattro grandi ombre ci vennero incontro.

"Guarda: quello con la spada in mano, che viene avanti per primo, solenne come un re, è il sommo poeta Omero; gli altri sono Orazio, Ovidio e Lucano*, grandi poeti latini della mia epoca".

I quattro si fermarono a parlare con Virgilio, poi si rivolsero a me, salutandomi cortesemente, e mi accolsero fra loro, sicché io diventai il sesto di quel gruppo di sapienti.

> *e' sì mi fecer de la loro schiera,*
> *sì ch'io fui sesto tra cotanto senno.*

Il nobile castello

Parlando di vari argomenti, arrivammo alla gran luce di cui dicevo prima, e vidi uno splendido castello, circondato da un fiume e da sette cerchie di mura. Attraversammo il fiume come se fosse solido, passammo per sette porte e arrivammo a un bel prato verde, pieno di gente dall'aria autorevole, solenne, che parlava tranquillamente, con voce pacata.

Il maestro mi portò in un punto da cui si poteva vedere bene e mi mostrò i grandi spiriti dell'antichità, il cui ricordo ancora adesso mi provoca una fortissima emozione.

Vidi Elettra, una delle figlie del generale acheo Agamennone, e accanto a lei i troiani Ettore ed Enea, riconobbi

Cesare armato con li occhi grifagni,

la vergine guerriera Camilla e la regina delle Amazzoni Pentesilea, il re Latino e sua figlia Lavinia, moglie di Enea,

e solo, in parte, vidi 'l Saladino.

E vidi altri grandi personaggi della storia romana, come il primo console Bruto (quello che cacciò Tarquinio il Superbo) e Cornelia, madre dei Gracchi, i grandi filosofi come Socrate e Platone, i grandi scienziati come Euclide e Tolomeo, i grandi medici come Ippocrate, Avicenna e Galeno, e poi Orfeo*, Cicerone, Seneca, Averroè...

Quando ebbi ben osservato, il maestro mi riportò fuori da quel luogo sereno, nell'inferno vero e proprio, dove tutto è tremore e oscurità.

I PERCHÉ DI DANTE

Perché il Saladino è in disparte?

Nel Limbo Dante parla di personaggi appartenenti a quattro gruppi diversi:
– i personaggi dell'*Antico Testamento*: Adamo, Abele, Noè, Mosè, ecc., che non sono più nel Limbo perché Gesù li ha portati in paradiso;
– i personaggi del mito: Elettra, Ettore, Enea, Camilla, Orfeo, ecc., che Dante considerava personaggi storici realmente esistiti;
– i personaggi dell'antichità romana e greca: Giulio Cesare, Bruto, Cornelia, Socrate, Platone, ecc., divisi a seconda della loro professione (condottieri, scrittori, filosofi, ecc.);
– i personaggi del mondo musulmano: il sultano d'Egitto Saladino (1138-1193), il medico persiano Avicenna (980-1037) e il filosofo spagnolo Averroè (1126-1198).
Dante ovviamente considera i musulmani esclusi dal paradiso, come i pagani, in quanto non battezzati; ma ammira in loro le virtù a cui l'uomo può giungere senza l'aiuto di Dio e li mette sullo stesso piano dei grandi uomini greci e romani. Il fatto che il Saladino sia in disparte, quindi, non è dovuto alla sua fede islamica (Avicenna e Averroè sono musulmani come lui, ma non isolati); probabilmente è un modo per sottolineare l'eccezionalità del personaggio, che non si confonde nella folla delle altre anime.

Celestino V

Pietro del Morrone, di origine contadina, era un frate eremita, famoso per la sua santità in tutta Europa. Nel luglio del 1294, dopo ben ventisette mesi di inutili discussioni, i cardinali si accordarono sul suo nome e lo nominarono papa. Pietro, che assunse il nome di Celestino V, non era certo un esperto uomo politico: nel giro di pochi mesi capì di non poter svolgere il suo compito e a dicembre abdicò. Forse il suo successore, Bonifacio VIII, lo spinse a compiere questo gesto per prendere il suo posto. Dante non nomina Celestino, ma gli studiosi hanno riconosciuto questo personaggio nell'unica figura che Dante riconosce fra gli ignavi, "colui che fece per viltade il gran rifiuto".

Caronte

Caronte è un personaggio della mitologia greca, incaricato di traghettare le anime dei defunti attraverso il fiume Acheronte, che separa il mondo dei vivi da quello dei morti. Il suo nome in greco significa "ferocia" e una parte di questo significato è rimasta nella descrizione di Dante, che lo rappresenta come un vecchio demonio, rabbioso e violento. La descrizione di Dante segue da vicino quella di Virgilio: nell'*Eneide*, infatti, Enea, quando scende negli inferi per parlare con suo padre, viene traghettato da Caronte.

Orazio, Ovidio e Lucano

Orazio (65-8 a.C.), grande amico di Virgilio, è ricordato da Dante soprattutto come autore di *Satire*, poesie narrative di tono scherzoso e sentenzioso, ma la sua fama oggi è legata anche alle *Odi*, che hanno carattere lirico.

Ovidio (43 a.C.-17 d.C.) era famosissimo nel Medioevo per le *Metamorfosi*, un grande poema in cui vengono narrati tutti i principali miti della tradizione greco-romana; a quest'opera Dante fa spesso riferimento, quando parla di personaggi mitologici.

Lucano (39-65 d.C.) è autore di un poema intitolato *La guerra civile* e ispirato alle lotte fra Cesare e Pompeo. È il più importante poeta epico latino dopo Virgilio.

Orfeo

È un personaggio della mitologia greca, a cui viene attribuita l'invenzione della lira e la capacità di commuovere con i suoi canti gli animali, le piante e perfino i sassi. È il simbolo della poesia e della musica, arti che nell'antica Grecia erano strettamente unite.

La storia più celebre che lo riguarda è legata all'amore per Euridice: quando la fanciulla muore, morsa da un serpente, Orfeo scende negli inferi e col suo canto commuove il dio Ade, che acconsente a lasciar tornare in vita Euridice, purché Orfeo non si volti a guardarla prima di essere arrivato in superficie. Orfeo risale guidando Euridice col canto, ma appena scorge la luce si volta – troppo presto! – ed Euridice sprofonda per sempre.

ATTIVITÀ

COMPRENSIONE

1 Verifica se hai ben compreso la storia narrata rispondendo alle seguenti domande.
- Che cosa c'è scritto sulla porta dell'inferno?
- Perché la porta dell'inferno è spalancata?
- Che cosa colpisce Dante appena superata la porta?
- Quali anime si trovano nel vestibolo o antinferno?
- Come sono punite e perché?
- Qual è il compito di Caronte?
- Che cosa dice a Dante?
- Come interviene Virgilio?
- Come si chiama il primo cerchio dell'inferno?
- Chi vi si trova?
- Chi accoglie Dante e Virgilio al loro arrivo?
- Dove sono, nel Limbo, le anime dei grandi uomini non battezzati?

ANALISI

1 Quali sono i tratti che caratterizzano Caronte? Rispondi completando la seguente tabella.

Aspetto fisico	
Atteggiamenti	

2 Perché nel Limbo Dante non vede i personaggi dell'*Antico Testamento*?

3 Nel Limbo si trovano anche alcuni musulmani.
- Chi sono?
- Perché si trovano lì?
- Quale dei tre viene messo in rilievo da Dante?

31

ATTIVITÀ

4 **Nel Limbo si trovano anche alcuni personaggi mitologici.**
- Chi sono?
- Perché si trovano mescolati a personaggi storici reali?

5 **Perché il mito della ribellione di Lucifero è importante per capire l'*Inferno* di Dante?**

LINGUA E STILE

1 **Nei versi riportati all'inizio del capitolo, si trovano varie espressioni ripetute più volte.**
- Quali?
- Qual è l'effetto che Dante vuole ottenere con queste ripetizioni?

2 **Rileggi attentamente i versi riportati nel corso del capitolo, poi nella seguente tabella colloca accanto alla parola in italiano moderno quella usata da Dante nel Trecento, come nell'esempio.**

Italiano moderno	Italiano trecentesco
eterno	
potere	
ogni	
senza	sanza
vengo	
brace	
può	

3 **Con l'aiuto di un buon dizionario, spiega il significato dei seguenti termini, tratti dai versi danteschi citati in questo capitolo:**
- *cotanto*: ....
- *grifagni*: ....

4. Paolo e Francesca

▪ Minosse*

Così scesi dal primo al secondo cerchio, più piccolo, ma tanto più pieno di dolore e di lamenti.

In questo secondo cerchio si trova Minosse: l'antico re di Creta, famoso per il suo senso della giustizia, è diventato un mostro orribile e ringhioso, che svolge le funzioni di giudice infernale. Quando un'anima dannata gli si presenta dinanzi, gli confessa tutti i suoi peccati e Minosse immediatamente capisce qual è il posto dell'inferno in cui deve finire. Allora si cinge con la lunga coda tante volte quanti sono i cerchi che l'anima deve scendere. Davanti a lui c'è sempre una lunga fila di anime: a una a una vanno al giudizio, parlano, ascoltano e sono trascinate giù.

Appena mi vide, Minosse mi apostrofò, interrompendo il suo lavoro: "Tu, che osi scendere nell'inferno, bada bene a come entri e a chi ti fa da guida: non lasciarti ingannare dalla facilità con cui si entra!". Erano parole malvagie, che contenevano una minaccia (dall'inferno, una volta entrati, non si può più uscire) e che tentavano di indebolire la mia fiducia in Virgilio (sei sicuro di poterti fidare di lui?).

Ma Virgilio intervenne, come aveva già fatto con Caronte, e disse: "Perché gridi? Il suo viaggio è voluto dal fato, non puoi impedirlo:

> *vuolsi così colà dove si puote*
> *ciò che si vuole, e più non dimandare".*

▪ I lussuriosi

Adesso, superato senza danni Minosse, incomincia davvero la parte dolorosa del mio racconto.

Io ero arrivato in un luogo completamente buio, che muggisce come un mare tempestoso, quando i venti si scontrano violentemente sulle sue acque. Il secondo cerchio è infatti in preda a una bufera eterna, che non ha mai pace, e che trascina le anime dei dannati, sbattendole continuamente qua e là. Quando arrivano davanti a un ostacolo, alla frana provocata dalla discesa di Gesù nel Limbo, o alla ripida parete del cerchio da cui io e Virgilio eravamo appena scesi, ecco pianti, lamenti, grida, bestemmie.

Mi fu spiegato che a quella pena erano condannati i lussuriosi, cioè le anime di coloro che hanno commesso peccati carnali, trascurando le indicazioni della ragione e seguendo solo i propri desideri e i propri istinti. E quel vento trascina gli spiriti cattivi in tutte le direzioni – a me vennero in mente degli storni, che d'inverno migrano in grandi schiere, formando meravigliose figure, ora più dense e ora più rade; o le gru, che percorrono il cielo in lunghe file, emettendo il loro verso lamentoso.

> *E come li stornei ne portan l'ali*
> *nel freddo tempo, a schiera larga e piena,*
> *così quel fiato li spiriti mali*

> *di qua, di là, di giù, di sù li mena...*

> *E come i gru van cantando lor lai,*
> *faccendo in aere di sé lunga riga,*
> *così vid' io venir, traendo guai,*

> *ombre portate da la detta briga.*

I PERCHÉ DI DANTE

Perché i lussuriosi sono trascinati per l'eternità da una tempesta?

Le pene dell'inferno, come abbiamo detto, sono regolate dalla "legge del contrappasso", cioè sono legate alla colpa commessa, che spesso "capovolgono", come abbiamo visto a proposito degli ignavi. Nel caso specifico, i lussuriosi in vita si sono lasciati travolgere dalla tempesta della passione e ora, in morte, sono condannati a essere travolti per l'eternità da una tempesta violentissima e inarrestabile.

Io vidi quelle ombre che si avvicinavano, gemendo per il dolore e perché non possono sperare neanche in un momento di pace, e dissi: "Maestro, chi c'è tra quelle anime che la tempesta punisce così severamente?".

"La prima che vedi", mi spiegò allora Virgilio, "è Semiramide, un'antica regina assira. Fu talmente corrotta che stabilì per legge che tutti erano liberi di fare quello che più desideravano, per spingere anche i suoi sudditi a peccare come lei.

Subito dopo viene Didone, che si uccise per amore di Enea, che l'aveva abbandonata, dopo aver tradito la memoria del primo marito Sicheo. Poi Cleopatra, la regina d'Egitto che ebbe numerosi amanti, fra cui Cesare e Antonio.

Vedi laggiù Elena, che ai suoi tempi era la donna più bella del mondo e che lasciò il marito Menelao per seguire Paride, per cui fu combattuta la guerra di Troia; e Achille, che dopo aver combattuto a lungo contro i Troiani si innamorò di una figlia del re Priamo e volle sposarla a tutti i costi, offrendo così a Paride l'occasione per ucciderlo a tradimento, piantandogli una freccia nel tallone, l'unico punto in cui era vulnerabile.

E vedi Paride stesso, colpevole di aver rapito Elena al marito, e Tristano, protagonista della famosa storia d'amore con Isotta*...". E dopo queste sette anime me ne mostrò moltissime altre, indicandomele col dito, tutte morte per colpa della loro passione amorosa.

I PERCHÉ DI DANTE

Perché Dante mescola personaggi storici e personaggi letterari?

I sette personaggi che Virgilio indica a Dante fra i lussuriosi appartengono in parte alla storia (Semiramide, Cleopatra), e in parte alla letteratura (Didone, Elena, Achille, Paride, Tristano). Questa mescolanza, però, non era tale per Dante: egli infatti era convinto che i racconti di Omero e le vicende dei cavalieri medievali corrispondessero a realtà storica e quindi considerava Elena, Achille, Tristano, Lancillotto, ecc. personaggi realmente vissuti. Anche per noi, del resto, in figure come Semiramide e Cleopatra gli elementi storici e quelli leggendari sono ampiamente mescolati.

◾ Paolo e Francesca*

Quando smise di parlare, al pensiero di tutti quei cavalieri e di quelle nobili dame dell'antichità, fui colto da una grande pietà, e mi sentii salire le lacrime agli occhi:

pietà mi giunse, e fui quasi smarrito.

E subito chiesi: "Poeta, potrei parlare con quelle due anime che se ne stanno sempre insieme, mentre tutte le altre sono trascinate dal vento ognuna per conto suo, e sembrano così leggere?".

E Virgilio: "Aspetta che ci arrivino vicino, pregale in nome dell'amore che le trascina e vedrai che verranno". Appena il vento le portò dalla nostra parte, gridai: "Anime addolorate, venite a parlare con noi, se potete".

Quali colombe dal disio chiamate
con l'ali alzate e ferme al dolce nido
vegnon per l'aere, dal voler portate;

cotali uscir de la schiera ov' è Dido,
a noi venendo per l'aere maligno,
sì forte fu l'affettüoso grido.

I PERCHÉ DI DANTE

Perché la tempesta lascia momentaneamente tranquilli Paolo e Francesca?

Il dialogo tra Dante e Francesca sembra contraddire una delle leggi fondamentali dell'inferno, quella per cui le pene non si interrompono mai. Perché allora il vento lascia tranquilli i due amanti quanto basta per dialogare con Dante?

La risposta è che l'incontro con Dante non costituisce affatto, per Paolo e Francesca, un'attenuazione della pena: Francesca ce lo fa capire quando dice che ricordare la felicità passata è un grande dolore e quando dichiara di parlare piangendo – così come piange Paolo ascoltando il suo racconto. L'incontro con Dante non è quindi una "vacanza" per Paolo e Francesca: il dolore provocato dalla tempesta si attenua, ma quello provocato dal ricordo lo compensa ampiamente.

Come colombe, che arrivano al loro nido librandosi in aria con le ali alzate e ferme, libere di muoversi come vogliono, così, volontariamente, quelle due anime uscirono dalla schiera in cui si trova Didone, tanto il mio richiamo fu forte e appassionato.

Presentazione di Francesca

E una delle due incominciò a parlare così: "O creatura gentile e cortese, che vieni attraverso l'oscurità a visitare noi che abbiamo macchiato il mondo di sangue, se Dio ci fosse amico lo pregheremmo di darti pace, poiché provi pietà per la nostra terribile condizione. Noi parleremo con voi di quello che volete e ascolteremo le vostre parole, finché il vento ci permette di restare qui, come fa in questo momento.

Io sono nata a Ravenna, la città che si trova sulla riva del mare in cui il Po si getta per aver pace con i suoi affluenti.

L'amore, che fa presa velocemente su chi ha il cuore gentile, prese costui per la bellezza del corpo che mi è stato tolto, e la sua intensità mi coinvolge ancora.

L'amore, che non permette a nessuno, essendo amato, di non riamare a sua volta, prese anche me, per la bellezza di costui, e come vedi quel sentimento non mi abbandona ancora.

L'amore ci condusse a morire insieme. La Caina, cioè la zona del nono cerchio in cui si trovano i traditori dei parenti, attende colui che ci ha ucciso.

Amor, ch'al cor gentil ratto s'apprende,
prese costui de la bella persona
che mi fu tolta; e 'l modo ancor m'offende.

Amor, ch'a nullo amato amar perdona,
mi prese del costui piacer sì forte,
che, come vedi, ancor non m'abbandona.

Amor condusse noi ad una morte.
Caina attende chi a vita ci spense".
Queste parole da lor ci fuor porte.

La "vera" storia di Paolo e Francesca

Queste furono le loro prime parole. Avevo immediatamente riconosciuto Francesca da Polenta, figlia del signore di Ravenna, data in sposa per ragioni politiche a Gianciotto Malatesta, figlio del signore di Rimini. Dicono (dicono!) che Francesca sia stata ingannata: siccome Gianciotto era un rozzo soldato, brutto e zoppo, le fecero credere che il promesso sposo fosse il fratello più giovane, il grazioso e raffinato Paolo. Ma forse l'amore tra Paolo e Francesca nacque dopo le nozze con Gianciotto e fu favorito dalle lunghe assenze del marito e dalla frequentazione quotidiana tra i due cognati...

Quando Gianciotto venne a sapere del tradimento, da abile uomo politico qual era, non agì d'impulso, ma si vendicò con calma, facendo uccidere i due amanti da alcuni sicari, nel castello di Gradara. Era il 1285 – avevo vent'anni e ricordo perfettamente lo scandalo immenso che seguì all'uccisione. Tanto più che il doppio delitto non mise affatto in crisi l'alleanza tra le due famiglie, che condividevano interessi politici ed economici ben più forti degli affetti!

I PERCHÉ DI DANTE

Perché il marito di Francesca è condannato alla Caina?

L'ultimo cerchio dell'inferno contiene le anime dei traditori; nella Caina, una delle quattro zone in cui è diviso, si trovano i traditori dei parenti (il nome deriva ovviamente da Caino, figlio di Adamo ed Eva, che uccise a tradimento il fratello Abele per gelosia – i doni di Abele erano più graditi a Dio di quelli di Caino).

Gianciotto Malatesta è condannato all'inferno perché ha ucciso la moglie e il fratello – e ovviamente non se ne è pentito. Se li avesse uccisi in un momento di rabbia, sorprendendoli mentre si baciavano, sarebbe tra i violenti del settimo cerchio; invece, al contrario di quanto spesso si vede rappresentato in quadri e disegni, li ha fatti uccidere a sangue freddo, con premeditazione e malizia, per cui è condannato fra i traditori.

Prima reazione di Dante

Dopo aver ascoltato quelle anime sofferenti, io chinai il viso, e lo tenni basso tanto a lungo che il maestro mi disse: "A che pensi?".

"Ahimè", risposi, "quanti dolci pensieri, quanti desideri spinsero queste due persone a compiere un gesto che doveva essere fonte di tanto dolore! Francesca, le tue sofferenze mi suscitano sentimenti di pietà e mi invitano a piangere. Ma dimmi, all'epoca dei dolci sospiri, quando eravate innamorati ma ancora incerti, come avete fatto a capire che vi amavate, che i vostri sentimenti erano reciproci?".

"Non c'è niente di più doloroso", rispose Francesca, "che ricordarsi del tempo felice quando la felicità è ormai passata per sempre. Ma se ci tieni tanto a sapere come nacque il nostro amore, ebbene, sia pure piangendo, te lo dirò".

Il libro "Galeotto"

Un giorno stavamo leggendo, per diletto, la storia di Lancillotto* e del suo amore per la regina Ginevra. Eravamo soli e non sospettavamo per nulla quello che sarebbe successo in seguito. Più volte, nel corso della lettura, ci guardammo, con la faccia pallida per l'emozione, in preda ai sentimenti suscitati dal libro. Ma il punto che ci vinse fu quello in cui Lancillotto baciava le labbra di Ginevra, così a lungo desiderate – ecco, in quel preciso momento anche costui, tutto tremante, mi baciò sulla bocca.

Nel nostro caso, il ruolo di Galeotto, l'amico di Lancillotto che lo aiutò a conquistare Ginevra, fu svolto dal libro. Per quel giorno la lettura fu interrotta.

> *Noi leggiavamo un giorno per diletto*
> *di Lancialotto come amor lo strinse;*
> *soli eravamo e sanza alcun sospetto.*

Per più fïate li occhi ci sospinse
quella lettura, e scolorocci il viso;
ma solo un punto fu quel che ci vinse.

Quando leggemmo il disïato riso
esser basciato da cotanto amante,
questi, che mai da me non fia diviso,

la bocca mi basciò tutto tremante.
Galeotto fu 'l libro e chi lo scrisse:
quel giorno più non vi leggemmo avante".

Intanto che una delle due anime diceva queste parole, l'altra piangeva, sì che io svenni per la pietà, e caddi come morto.

I PERCHÉ DI DANTE
Perché Dante si commuove alla storia di Paolo e Francesca?
L'atteggiamento di Dante nei confronti dei lussuriosi è caratterizzato dalla pietà: egli per ben tre volte, nel corso di questo episodio, si dichiara impietosito, in un crescendo di emozioni: prima si sente salire le lacrime agli occhi, poi si mette a piangere davvero, infine sviene per la commozione. Nello stesso tempo, comunque, Dante condanna i lussuriosi all'inferno.

La contraddizione è solo apparente: la condanna è frutto di un atteggiamento razionale, che riconosce e condivide la giustizia di Dio; la pietà è frutto di un sentimento che Dante prova perché è ancora all'inizio del viaggio e condivide ancora alcune debolezze e alcuni peccati con le anime che incontra. A poco a poco, man mano che i peccati si fanno più gravi, Dante imparerà a controllare le sue emozioni e a essere più freddo nei confronti delle anime dannate.

Minosse

Minosse è un mitico re di Creta, protagonista di molte leggende dell'antichità (la più importante è quella del Minotauro, figlio di sua moglie Pasife e di un toro; Minosse, inorridito dalla creatura col corpo di uomo e la testa di toro nata da questo rapporto contro natura, fece costruire a Dedalo il labirinto per rinchiudervela, e ogni anno dava in pasto al mostro sette giovani e sette fanciulle di Atene). Il ruolo di giudice infernale gli era attribuito fin dall'antichità: Omero e Virgilio lo rappresentano però con caratteristiche umane e non come il demone rabbioso che troviamo in Dante.

Tristano e Isotta

Il re d'Inghilterra Marco, innamoratosi senz'averla mai vista della principessa d'Irlanda Isotta la Bionda, manda il nipote Tristano a chiederla in sposa. Tristano sconfigge un mostro e porta Isotta da Marco, ma durante il viaggio, per errore, i due bevono un filtro magico, si innamorano alla follia e fuggono insieme. Il re Marco, offeso, li cerca per ucciderli, una notte li trova addormentati, ma li risparmia perché vede una spada sguainata in mezzo a loro e la interpreta come segno della purezza del loro rapporti. Tristano è però costretto all'esilio.

Per liberarsi dall'amore che lo tormenta, Tristano sposa un'altra donna, Isotta dalle Bianche Mani, ma si ammala gravemente, e solo un unguento magico di Isotta la Bionda potrebbe salvarlo. Viene mandata una nave in Inghilterra, che promette di tornare con le vele bianche nel caso che la regina acconsenta ad aiutare l'antico amante, con le vele nere nel caso contrario. Isotta la Bionda accorre, ma Isotta dalle Bianche Mani, per gelosia, mente a Tristano che giace a letto e gli dice che la nave comparsa all'orizzonte ha le vele nere. Tristano muore, Isotta la Bionda sbarca troppo tardi e muore a sua volta di dolore.

Questa vicenda, con parecchie variazioni, è narrata in un grandissimo numero di romanzi medievali ed è uno dei miti fondamentali della letteratura cortese.

Paolo e Francesca

La vicenda di Paolo e Francesca ha sicuramente un fondamento storico, ma è difficile distinguere la realtà dalla leggenda, perché la fonte principale su questo avvenimento è costituita proprio dai versi di Dante. Alla fine del Duecento, comunque, si trattò di un caso di "cronaca nera" famosissimo, sia per l'importanza dei protagonisti, appartenenti a due potenti famiglie signorili, sia per la drammaticità dei fatti, su cui la fantasia popolare (e quella dei poeti) poteva evidentemente esercitarsi.

Lancillotto

Il cavaliere Lancillotto (o, come dice Dante, Lancialotto) del Lago è uno dei protagonisti del ciclo di leggende legato a re Artù e alla Tavola Rotonda. La vicenda di cui parla Francesca nei versi di Dante è la storia del suo amore per la regina Ginevra, moglie di Artù: Lancillotto, incaricato di salvare la regina, rapita da un malvagio antagonista, viene aiutato a conquistare il cuore della dama da Galeotto, siniscalco (cioè ministro) del re Artù. Per questa colpa, Lancillotto dovrà sottoporsi a varie umiliazioni, prima di riacquistare il suo onore.

COMPRENSIONE

1 Gli avvenimenti che si svolgono nel secondo cerchio si possono suddividere in tre momenti fondamentali. Riassumili, completando la seguente tabella.

I momento: l'incontro con Minosse	
II momento: le anime dei lussuriosi	
III momento: Paolo e Francesca	

2 Perché Paolo e Francesca sono condannati all'inferno? Perché anche il marito di Francesca, Gianciotto, finirà all'inferno dopo la morte?

ANALISI

1 Quale atteggiamento ha Dante nei confronti dei lussuriosi? Scegli una risposta fra quelle che ti proponiamo e motiva la tua scelta:
- ☐ disprezzo
- ☐ pietà
- ☐ comprensione
- ☐ condanna
- ☐ indifferenza

2 Parlando con Dante, Francesca ripete più volte la parola "pace". Cerca questa parola nel testo e sottolineala, poi spiega perché, secondo te, Francesca insiste su questo tema, pensando alla condizione in cui si trova.

3 Nei versi famosi in cui descrive il sentimento che la lega a Paolo, Francesca fornisce una perfetta definizione dell'amore cortese, indicandone due caratteristiche fondamentali. Quali sono?

– Prima caratteristica: ....

– Seconda caratteristica: ....

4 Il romanzo d'amore che ha spinto Paolo e Francesca a diventare amanti è l'esempio di una letteratura che si legge "per diletto", cioè per passatempo, per svago. Perché Dante giudica negativamente questa letteratura? Quale scopo si prefigge Dante, nello scrivere la *Divina Commedia*?

....

....

....

....

....

LINGUA E STILE

1 L'*anafora* è una figura retorica che consiste nella ripetizione, all'inizio di frasi, di versi o di strofe vicine, della stessa parola o dello stesso gruppo di parole. Ne hai incontrato un esempio nel capitolo precedente, quando Dante riporta le parole scritte all'ingresso dell'inferno: *per me... per me... per me...* Individua un esempio di anafora nei versi che abbiamo citato in questo capitolo.

....

....

....

....

....

5. La corruzione di Firenze:
da Ciacco a Farinata

■ Il terzo cerchio: Cerbero

Quando rinvenni, mi trovai nel terzo cerchio, dove cade una pioggia eterna, sporca, fredda e pesante, immutabile, mista a neve e a grandine. La terra, imbevuta, puzza, e le orecchie sono assordate dai latrati di Cerbero, che escono dalle sue tre gole canine. Questa fiera crudele e deforme ha gli occhi rossi, la barba unta e nera, il ventre largo, le zampe munite di grossi artigli con cui graffia, scortica e squarta le anime dannate.

> *Cerbero, fiera crudele e diversa,*
> *con tre gole caninamente latra*
> *sovra la gente che quivi è sommersa.*

> *Li occhi ha vermigli, la barba unta e atra,*
> *e 'l ventre largo, e unghiate le mani;*
> *graffia li spirti ed iscoia ed isquatra.*

Quando ci vide, quell'orrendo drago ci mostrò le zanne, vibrando tutto come un cane che stia per slanciarsi contro un nemico. Ma il maestro aprì le mani, prese due manciate di terra e gliele buttò nelle gole affamate. E Cerbero si mise a mangiare, come un cane avido a cui qualcuno abbia buttato un osso.

■ I golosi: Ciacco

Per proseguire il cammino, fummo costretti a calpestare le anime, che erano tutte sdraiate per terra sotto quell'acqua schifosa. Ma una all'improvviso si alzò, vedendoci passare, e disse: "Tu che cammini per questo inferno, non mi riconosci? Eri già nato, quando io sono morto".

Sarà stata forse l'angoscia che gli deformava i tratti del volto, ma io non riuscivo a riconoscerlo. E lui mi disse: "Sono vissuto a Firenze ed ero soprannominato Ciacco, cioè porco: la colpa per cui sono dannato alla pena che vedi, insieme a tutte queste altre anime, è stata appunto la gola".

"Ciacco", dissi io, "la tua sofferenza mi fa venire voglia di piangere. Ma dimmi, se puoi: che cosa succederà a Firenze, i cui cittadini sono così divisi fra loro? E chi sono i migliori di essi? E perché non riescono ad andare d'accordo?".

E lui: "Dopo una lunga lotta, verranno al sangue: e prima vinceranno i guelfi bianchi, guidati dalla famiglia Cerchi, poi, con l'aiuto del papa, quelli neri, guidati dai Donati*, che conserveranno il potere a lungo. I cittadini buoni ci sono, ma non sono ascoltati. E le scintille che hanno acceso i cuori dei fiorentini e dato inizio alle loro lotte fratricide sono la superbia, l'invidia e l'avidità:

> *superbia, invidia e avarizia sono*
> *le tre faville c'hanno i cuori accesi*".

I PERCHÉ DI DANTE

Perché la gola è una colpa così grave?

La società europea è oggi caratterizzata da una sovrabbondanza di cibo. Da molto tempo ormai in Europa morire di fame è un'eccezione rarissima. Non era così nel Medioevo, quando lo spettro della carestia e della fame era sempre presente, anche nei momenti di maggiore abbondanza.

Si spiega così che la gola, che a noi oggi potrebbe sembrare un peccato tutto sommato meno grave di altri, sia invece considerato da Dante e dai suoi contemporanei come un vizio capitale. Per trovare oggi un parallelo, dobbiamo immaginare altre forme di avidità, non necessariamente legate al cibo – il "goloso" contemporaneo potrebbe essere colui che non si accontenta di ciò che gli serve per vivere bene, e in questo modo sottrae ad altri il necessario: in questo senso, forse tutta la nostra società è "golosa", perché consuma molto più di quello che dovrebbe e condanna altri paesi e altri popoli alla miseria.

Fatta questa profezia (la prima che sentivo, dopo quella del "veltro" di Virgilio: allora non sapevo che ne avrei sentite molte altre), mi pregò di ricordare il suo nome, se mai fossi tornato nel mondo, poi strabuzzò gli occhi e ricadde a terra.

"Si risveglierà solo il giorno del Giudizio Universale", mi disse Virgilio, "quando tutte le anime si riuniranno ai corpi che hanno lasciato su. E devi sapere che da quel momento le pene di questi disgraziati aumenteranno, perché ora soffre solo l'anima, dopo di allora soffriranno sia l'anima sia il corpo".

Il quarto cerchio: avari e prodighi

Pape Satàn, pape Satàn aleppe!

Queste parole misteriose colpirono le mie orecchie appena giunto nel quarto cerchio, e mi terrorizzarono. La voce che le pronunciava era infatti quella di un altro mostro, Pluto*, ma Virgilio intervenne a rassicurarmi e gridò: "Taci, maledetto lupo! Consuma la tua rabbia dentro di te! Non è per caso che scendiamo verso l'oscurità, ma per volontà del Cielo." E Pluto si placò immediatamente.

Nel quarto cerchio sono puniti gli avari e i prodighi, cioè coloro che hanno troppo amato i beni terreni e hanno tentato di accumularne più del giusto, e coloro che li hanno troppo disprezzati, sprecati e trattati con noncuranza. I due gruppi di dannati spingono enormi massi, gli uni contro gli altri, accusandosi reciprocamente del loro peccato, e continueranno a farlo per l'eternità.

Virgilio mi spiegò tutto questo, aggiungendo: "Ora puoi capire, figliolo, quanto siano ingannevoli i beni terreni, che sono sottoposti alla fortuna, cioè al caso, e per cui tanto ci si affanna sulla terra. Non basterebbe infatti tutto l'oro del mondo per far riposare neanche un solo istante una di queste anime spossate dalla fatica!".

▦ Il quinto cerchio: iracondi e accidiosi

Arrivammo sulle rive di un fiume fangoso, lo Stige, in cui vedevo immerse delle anime.

"Sono le anime degli iracondi", mi disse Virgilio. "I quali, siccome in vita non hanno saputo frenare l'ardore dell'ira, ora sono condannati a restare immersi in questa palude per l'eternità. E devi sapere che vi sono anche delle anime completamente sommerse: sono quelle degli accidiosi, cioè di coloro che hanno trascorso la vita nella tristezza, disprezzando le gioie e i piaceri che Dio offriva loro. E adesso hanno ben ragione di rattristarsi, immersi come sono in quella fanghiglia nera e disgustosa".

Il nostro arrivo non era passato inosservato: al di là della palude scorgemmo infatti dei segnali e in pochi istanti arrivò una barca, guidata da un demone che urlava: "Ti ho preso, dannato!" con tutta la forza dei suoi polmoni.

"Flegiàs, Flegiàs, tu gridi invano", disse il maestro senza perdere la calma. "Noi siamo qui solo per passare, non per restare in tuo potere".

Flegiàs si rassegnò a malincuore a traghettarci, ma mentre la barca passava sulle acque limacciose un'anima si aggrappò al bordo e tentò di rovesciarci. Era l'anima di Filippo Argenti, un fiorentino famoso per i suoi scatti di rabbia. Virgilio prontamente accorse in mia difesa e allontanò il dannato, che fu inseguito dagli altri iracondi e ficcato sott'acqua con incredibile violenza, e lui stesso, da quel vero pazzo che era, si mordeva le mani e le braccia.

> *Tutti gridavano: "A Filippo Argenti!";*
> *e 'l fiorentino spirito bizzarro*
> *in sé medesmo si volvea co' denti.*

■ Le mura della città di Dite

"Ormai", disse Virgilio mentre ci avvicinavamo all'altra riva dello Stige, "dovresti intravedere le mura della città di Dite. Esse segnano il passaggio dall'alto al basso inferno". Ed era vero: le scorgevo in lontananza, fra la nebbia che si alzava da quelle acque putride, e mi parvero rosse per il fuoco, che (mi spiegò Virgilio) le arroventava dall'interno.

"Scendete", gridò pochi istanti dopo il nostro odioso nocchiero. "La porta d'accesso è qui".

Ma già sulle mura della città si erano radunati più di mille diavoli, pronti ad accoglierci non proprio amichevolmente. Virgilio andò avanti da solo a parlamentare (immaginatevi con quale terrore da parte mia, che mi trovavo abbandonato in pieno inferno!), ma pochi minuti più tardi tornò, scuro in volto, mentre i diavoli sprangavano rumorosamente la porta alle sue spalle.

"Non perderti d'animo", mi disse subito dopo, accorgendosi del mio terrore. "Nessuno può impedire il nostro cammino. E l'aiuto è già in arrivo. A meno che... Ma perché tarda tanto?".

I PERCHÉ DI DANTE

Perché l'inferno è diviso in alto inferno e basso inferno?

Le mura della città di Dite separano le due grandi zone in cui è diviso l'inferno dantesco: l'alto inferno (cerchi 1-5) e il basso inferno (cerchi 6-9). Qual è la differenza fra le due zone?

Nell'alto inferno sono puniti i peccati di incontinenza, cioè legati all'esagerazione di un impulso naturale che in sé sarebbe buono, se restasse nei limiti della ragione: amare, mangiare, guadagnare e spendere onestamente, lo sdegno di fronte al male e all'ingiustizia non sono peccati; lo sono invece la lussuria, la gola, l'avidità e la prodigalità, l'ira, cioè appunto l'esagerazione di quegli atteggiamenti.

Nel basso inferno invece sono puniti i peccati più gravi, quelli che nascono da un impulso che è sempre malvagio, anche se si manifesta "in piccole dosi": la violenza e il tradimento, infatti, non sono peccati solo se diventano troppo gravi, lo sono sempre e comunque.

Io stavo quasi per proporre di tornare indietro, quando alle nostre spalle, sull'acqua torbida della palude, sentii un rumore spaventoso, che faceva tremare tutto, come quando un vento tempestoso strapazza i boschi, schiantando rami e piante e sollevando nuvole di polvere. I diavoli fuggirono, come rane davanti a una biscia, all'arrivo di quel messo celeste, che passava sulla palude senza neppure bagnarsi i piedi.

Con aria sdegnosa (Virgilio mi aveva fatto inchinare in segno di rispetto), arrivò davanti alla porta e la toccò con un bastoncino. La porta si aprì immediatamente, l'angelo se ne andò e noi entrammo senza incontrare alcuna resistenza.

■ Il sesto cerchio: gli eretici

Appena entrato nel sesto cerchio, mi guardai in giro: mi sembrava di essere in un enorme cimitero, pieno di tombe che rendevano il terreno tutto bucherellato e irregolare. E intorno alle tombe c'erano accese delle fiamme, che le rendevano roventi, più della fucina di un fabbro.

Le lapidi che avrebbero dovuto chiudere le tombe erano scostate di lato, e dalle tombe uscivano grida e lamenti. Virgilio mi spiegò che lì erano puniti gli eresiarchi, o eretici*, e che il calore

---

I PERCHÉ DI DANTE

Perché a Virgilio per entrare nel basso inferno serve l'aiuto di un angelo?

Virgilio, fino alle mura di Dite, è sempre riuscito a vincere gli ostacoli posti dai diavoli e dai mostri infernali (Caronte, Minosse, Cerbero, Flegiàs) con poche parole o con pochi gesti decisi. Di fronte ai diavoli del basso inferno, invece, è in difficoltà e per varcare la porta deve aspettare l'aiuto del messo celeste.

Questo fatto ha una spiegazione allegorica: Virgilio simboleggia infatti la ragione umana, che è in grado, da sola, di vincere i peccati di incontinenza; di fronte ai peccati più gravi, che sembrano nascere da impulsi inspiegabili, la ragione è più debole e ha bisogno dell'aiuto della Grazia divina, simboleggiata dall'angelo.

variava a seconda della gravità del loro peccato. E aggiunse che le tombe si sarebbero chiuse solo dopo il giorno del Giudizio, quando ogni anima sarebbe stata ricongiunta col corpo e seppellita per sempre tra le fiamme.

Farinata*

Camminavamo, lui davanti e io dietro, costeggiando l'interno delle mura per non scottarci i piedi e parlando di quello che era appena successo, ed ecco che da una delle tombe uscì improvvisamente una voce:

> *"O Tosco che per la città del foco*
> *vivo ten vai così parlando onesto,*
> *piacciati di restare in questo loco.*
>
> *La tua loquela ti fa manifesto*
> *di quella nobil patrïa natio,*
> *a la qual forse fui troppo molesto".*

"Tu, toscano, che te ne vai ancora vivo per la città del fuoco, parlando così tranquillamente, anziché urlando o gemendo, fermati un po' qui, per favore. Il tuo accento mi rivela che sei originario di Firenze, la mia patria, alla quale forse, quand'ero in vita, feci troppi danni".

Spaventato, mi accostai a Virgilio, il quale mi disse: "Voltati! Che fai? Guarda là Farinata, che si è alzato in piedi. Avvicinati e parla con lui, ma sbrigati".

Io lo stavo già osservando. E lui si ergeva, col petto e con la testa, come se dell'inferno non gli importasse nulla. Quando gli fui accanto, con aria quasi sdegnosa, mi domandò: "Chi erano i tuoi antenati?". Glielo dissi, e lui: "Furono fieri avversari della mia parte politica, e per ben due volte li cacciai da Firenze".

"Sì", ribattei io, "ma loro tornarono tutt'e due le volte. I vostri ghibellini, invece, non hanno imparato a fare altrettanto".

■ Cavalcante*

In quel momento comparve un'altra ombra, che arrivava al mento di questa: credo che si fosse alzata in ginocchio. Si guardò intorno, come per verificare se ero solo o se insieme a me c'era qualcun altro. E quando ebbe ben guardato, disse piangendo: "Se compi questo viaggio grazie all'altezza del tuo ingegno, perché mio figlio non è insieme a te?"

piangendo disse: "Se per questo cieco
carcere vai per altezza d'ingegno,
mio figlio ov' è? e perché non è teco?".

E io: "Non vengo da solo: quell'anima che aspetta laggiù mi guida, spero, fino a colei da cui vostro figlio forse rifiutò di farsi aiutare". Le sue parole e il luogo in cui si trovava mi avevano fatto capire subito che si trattava di Cavalcante Cavalcanti, il padre del mio amico Guido. Si rizzò in piedi di colpo e gridò: "Come?

I PERCHÉ DI DANTE

Perché Farinata e Cavalcanti sono fra gli eretici?

Farinata e Cavalcanti appartenevano a una categoria particolare di eretici. Ai tempi di Dante, infatti, l'ateismo (cioè la mancanza di fede in Dio, la convinzione che Dio non esista) era quasi inconcepibile. Coloro che più si avvicinavano a questa visione della vita erano detti "materialisti" (perché sostenevano che l'anima, dopo la morte, si dissolvesse insieme al corpo, essendo fatta non di puro spirito, ma di sostanze materiali); o "epicurei", in quanto queste teorie erano state elaborate per la prima volta da un antico filosofo greco di nome Epicuro.

Da quanto sappiamo, sia Farinata sia Cavalcanti condividevano questa visione del mondo. Insieme a loro, Dante cita l'imperatore Federico II di Svevia e addirittura un cardinale, il fiorentino Ottaviano degli Ubaldini. Ma si trattava di idee piuttosto diffuse tra gli intellettuali e i poeti.

Hai detto 'rifiutò'? Vuoi dire che è morto? Che la dolce luce del sole non ferisce più i suoi occhi?"

> *Di sùbito drizzato gridò: "Come?*
> *dicesti 'elli ebbe'? non viv' elli ancora?*
> *non fiere li occhi suoi lo dolce lume?".*

Io ebbi una breve esitazione nel rispondere e lui ricadde supino e non ricomparve più.

▨ Nuovo intervento di Farinata

Ma quell'altra anima a cui ero accanto non fece una piega, non mutò neppure espressione. E riprendendo il discorso come se non ci fosse stata alcuna interruzione: "Il fatto che non abbiano imparato a fare altrettanto", disse, "mi tormenta più di questa tomba. Ma non passeranno cinquanta mesi che tu saprai quant'è difficile farlo. Ma dimmi: perché i fiorentini sono così feroci nei confronti della mia famiglia?".

"Forse è il ricordo della carneficina che rese rosse le acque del fiume Arbia, presso Montaperti*, all'origine di queste decisioni".

"Non fui certo l'unico responsabile di quella battaglia", ribatté lui dopo un profondo sospiro.

I PERCHÉ DI DANTE

Perché i dannati non conoscono il presente?

Come spiega Farinata, i dannati ricordano il passato, possono prevedere (in parte) il futuro, ma non conoscono il presente (quindi, man mano che il futuro si avvicina diventa per loro misterioso). Cavalcante, quindi, sa che nel passato suo figlio era vivo, vede che nel futuro è morto, ma non sa se nel presente sia ancora vivo o già morto. Questo complicato meccanismo è dovuto al fatto che la luce della Grazia divina, per quanto confusa, arriva anche ai dannati. Ma naturalmente, dopo il Giudizio Universale, quando non ci sarà più futuro, i dannati saranno completamente ciechi.

"Ma fui l'unico a difendere apertamente Firenze, quando tutti gli altri ghibellini avebbero voluto raderla al suolo e annientarla".

"Sentite", dissi per cambiare argomento (la sua profezia, la seconda nel giro di breve tempo, mi rendeva molto inquieto), "chiaritemi questo dubbio: a me pare che voi possiate vedere il futuro, ma non il presente...".

"È così", confermò Farinata: "noi conosciamo il passato e intravediamo qualcosa del futuro, ma quando gli avvenimenti si avvicinano, cioè diventano presenti, la nostra mente è del tutto cieca".

"Allora vi prego di dire all'anima che è caduta poco fa che suo figlio è ancora vivo: la mia esitazione nel rispondere era dovuta solo a questo dubbio".

Tornai da Virgilio e gli raccontai della profezia. "Conservala nella memoria", mi disse: "quando sarai al cospetto di Beatrice, i cui occhi vedono tutto, lei ti chiarirà tutta la tua vita".

Cerchi e Donati

Dopo la battaglia di Campaldino (1289), a cui Dante partecipò in prima persona, i ghibellini persero per sempre il controllo di Firenze. I guelfi, che governavano la città, si divisero ben presto in due fazioni, Bianchi (con a capo la famiglia dei Cerchi) e Neri (con a capo la famiglia dei Donati). Dante era imparentato coi Donati (sua moglie Gemma era sorella del capo dei Neri, Corso Donati), ma apparteneva alla fazione Bianca: quando i Neri, con l'aiuto di Bonifacio VIII, presero il sopravvento, nel 1301, Dante (come gli altri capi bianchi) fu condannato all'esilio.

Pluto

Pluto nella mitologia classica era il dio della ricchezza. Dante lo trasforma in una figura demoniaca e lo colloca all'inizio del quarto cerchio, dove si trovano gli avari e i prodighi, cioè le anime di coloro i cui peccati sono legati appunto all'uso del denaro e dei beni materiali in genere.

Eresia

La parola "eresia" indica, in ambito religioso, una corrente che si differenzia da quella dominante, pur restando all'interno della stessa tradizione (per esempio, del cristianesimo). Il contrario di eresia è "ortodossia", cioè "via giusta". Naturalmente, la "via giusta" si impone in alcuni casi in base a una libera discussione, più spesso grazie all'appoggio del potere politico ed economico. Le eresie furono molto numerose nei primi secoli del cristianesimo, quando la Chiesa non si era ancora affermata e rafforzata, e nel tardo Medioevo, cioè ai tempi di Dante, quando la Chiesa attraversò una delle più gravi crisi della sua storia.

Farinata degli Uberti

Farinata (così soprannominato per i capelli chiarissimi) apparteneva a una nobile famiglia ghibellina di Firenze. Non sappiamo la sua data di nascita, ma sappiamo che dal 1239 alla morte fu il capo dei ghibellini di Firenze, che riuscirono a cacciare i guelfi dalla città in due occasioni, prima di essere definitivamente sconfitti nel 1289 (ma Farinata era morto da tempo, nel 1264). Quando i guelfi rientrarono a Firenze, il corpo di Farinata venne riesumato, processato e condannato per eresia – tutti i suoi beni vennero così confiscati. Dante, evidentemente, considerava fondata l'accusa di eresia, ma mostra un grande rispetto per quest'uomo politico, che pure apparteneva alla fazione nemica.

Cavalcante Cavalcanti

Cavalcante Cavalcanti (1220-1280 circa) apparteneva a una delle più importanti famiglie guelfe di Firenze. Dante lo condanna all'inferno per il suo "materialismo" (oggi diremmo: per il suo ateismo). È il padre di Guido Cavalcanti, grande poeta stilnovista e amicissimo di Dante (vedi pag. 143), che condivideva le idee del padre – per cui (come dice Dante) "ebbe a disdegno" la Grazia divina, che nella *Divina Commedia* è simboleggiata da Beatrice. Per questo, pur essendo un uomo di altissimo ingegno, non è stato scelto per compiere il viaggio nell'aldilà insieme a Dante.

Montaperti

La battaglia di Montaperti si svolse a poca distanza da Siena, sulle rive del fiume Arbia, nel 1260 (Dante non era ancora nato). Gli eserciti che si fronteggiarono erano quelli dei guelfi (capeggiati da Firenze) e dei ghibellini (capeggiati da Siena). I ghibellini vinsero e circa un mese più tardi, a Empoli, i loro capi si riunirono per decidere quali provvedimenti prendere (i capi guelfi intanto erano tutti fuggiti altrove). I rappresentanti di Pisa e di Siena proposero di distruggere completamente Firenze, ma Farinata degli Uberti si oppose e riuscì a salvare la sua città.

COMPRENSIONE

1 **Riassumi i momenti fondamentali del capitolo completando le seguenti frasi:**

– nel terzo cerchio sono puniti...
....

– nel terzo cerchio Dante incontra............................... e..........................
....

– nel quarto cerchio sono puniti..
....

– nel quarto cerchio Dante incontra..

– nel quinto cerchio sono puniti..
....

– nel quinto cerchio Dante incontra..

– nel sesto cerchio sono puniti..
....

– nel sesto cerchio Dante incontra............................... e..........................
....

2 **Di cosa parla Dante con Ciacco? Puoi scegliere più di una risposta:**

– di Firenze, perché...
– di politica, perché...
– di religione, perché...
– del futuro, perché...
– del passato, perché...
....

3 **Di cosa parla Dante con Farinata? Completa le frasi:**

– di Firenze, perché...
– di politica, perché...
– di religione, perché...
– del futuro, perché...
– del passato, perché...
....

4 **All'episodio di Farinata sono collegate due importanti battaglie del XIII secolo.**
- Chi vinse a Campaldino, nel 1289?
- Che cosa successe nella battaglia di Montaperti, nel 1260?
- Chi erano i guelfi e i ghibellini?

ANALISI

1 **Quali sono i mostri infernali che Dante incontra in questo capitolo? Completa la seguente tabella, spiegando quali sono le caratteristiche di ciascuno.**

Mostro infernale	Sue caratteristiche

2 **A cosa servono le mura della città di Dite? Perché Virgilio ha bisogno di un aiuto dal Cielo per poter entrare?**

....

....

3 **Che cosa significa "profezia"? Quali sono le due profezie che Dante sente in questo capitolo? Perché lo preoccupano tanto?**
- Prima profezia: ....

....
- Seconda profezia: ....

....

4 **Farinata degli Uberti è il protagonista di uno degli episodi più famosi della *Divina Commedia*.**
- Che atteggiamento ha Dante nei suoi confronti?
- Per quali aspetti Farinata si può giudicare positivamente?
- Perché è condannato all'inferno?

5 Metti a confronto il personaggio di Farinata e quello di Cavalcante, indicando nella seguente tabella analogie e differenze.

Analogie	
Differenze	

LINGUA E STILE

1 Cerca nei versi citati e spiega il significato delle seguenti espressioni:

unta e atra: ....

città del fuoco: ....

nobil patria: ....

cieco carcere: ....

2 Che cosa significa, per Dante, la parola "avarizia"? Che cosa significa invece per noi?

per Dante: ....

per noi: ....

6. Pier della Vigna e Brunetto Latini

La struttura dell'inferno

Virgilio lasciò il muro che avevamo costeggiato fino a quel momento e, sempre seguito da me, attraversò tutto il sesto cerchio. Quando arrivò sull'orlo dell'abisso, da cui saliva un orribile fetore, mi parlò così: "Fermiamoci qualche istante, in modo che il naso si abitui a questa puzza. E intanto ti spiegherò come sono fatti gli ultimi cerchi dell'inferno, più piccoli di quelli che abbiamo già visitato, ma più complessi.

Il settimo cerchio contiene le anime dei violenti ed è diviso in tre zone: nella prima si trovano coloro che sono stati violenti contro il prossimo; nella seconda coloro che hanno fatto violenza a se stessi e nella terza coloro che hanno offeso Dio.

L'ottavo cerchio è diviso in dieci vallette dette "bolge" e vi si trovano ladri, truffatori, maghi, falsari e i loro simili. Il nono cerchio è diviso in quattro zone, e lì, quasi al centro della terra, sono puniti per l'eternità i traditori. Quando ci arriveremo vedrai il tutto nei dettagli".

Settimo cerchio: i violenti contro il prossimo

Riprendemmo il cammino, scendendo per una frana ripidissima, formatasi quando Gesù, subito dopo la sua morte, discese nel Limbo e tutto l'inferno fu scosso da un violento terremoto.

Ai piedi della frana si trova il Minotauro*, la mostruosa creatura col corpo umano e la testa bovina, frutto della perversione della regina di Creta Pasife, che si era innamorata di un toro! Quando ci scorse, il Minotauro incominciò a mordersi rabbiosamente, e Virgilio gli gridò: "Credi forse che stia arrivando Teseo, l'eroe ateniese che ti uccise nel labirinto, aiutato da tua sorella Arianna? Vattene, bestiaccia: costui viene solo per vedere le vostre pene, non per altro". Il Minotauro parve confuso, si mise a barcollare come se quelle parole l'avessero ferito, e Virgilio approfittò dell'occasione per farmi passare senza danni.

Ed ecco un nuovo terribile spettacolo mi si offrì davanti agli occhi: un fiume di sangue bollente, il Flegetonte, in cui le anime erano immerse e saettate da feroci centauri. Tre centauri, Chirone, Nesso e Folo, ci vennero incontro minacciosi, con l'arco pronto al tiro. Chirone, il più imponente, si accorse subito che ero vivo e Virgilio glielo confermò, spiegando le ragioni per cui compivo il mio viaggio. Chirone allora ordinò a Nesso di prenderci in groppa e di portarci al di là del fiume.

E, mentre andavamo, Nesso ci fece vedere le anime dei tiranni antichi e moderni, immerse fino alla fronte, le anime degli assassini, immerse fino alla gola, e poi quelle dei briganti e dei predoni, immerse solo dalla vita in giù. Il fondo del fiume infatti risaliva a poco a poco e ben presto Nesso ci depose sull'altra riva.

▪ Settimo cerchio: i suicidi

Nesso ci aveva appena lasciato quando entrammo in un bosco selvaggio, in cui non si trovava alcun sentiero. Le piante non avevano le foglie verdi, ma morte, i rami non erano diritti, ma nodosi e contorti, e senza frutti: tutti quegli stecchi erano pieni di veleno.

> *Non fronda verde, ma di color fosco;*
> *non rami schietti, ma nodosi e 'nvolti;*
> *non pomi v'eran, ma stecchi con tòsco.*

I PERCHÉ DI DANTE

Perché la tirannide è più grave dell'omicidio?

Tra le forme di violenza contro il prossimo, la tirannide è secondo Dante la più grave: il tiranno, infatti, non uccide le sue vittime in un momento di rabbia, ma "organizza" il delitto, ne fa uno strumento di governo, mette le strutture dello stato al servizio del suo desiderio di potere. Anche nella nostra valutazione morale, del resto, il dittatore è una figura più negativa del semplice omicida.

Su queste piante fanno i nidi le Arpie*, i mostri che costrinsero i Troiani guidati da Enea a fuggire dalle isole Strofadi, insozzando i loro piatti. Hanno il corpo da uccello, con grandi ali, i piedi ad artiglio e il ventre coperto di penne, ma il collo e la testa hanno aspetto umano. I loro versi sembrano lamenti.

> *Ali hanno late, e colli e visi umani,*
> *piè con artigli, e pennuto 'l gran ventre;*
> *fanno lamenti in su li alberi strani.*

A spaventarmi non furono però i loro lamenti, ma quelli che sembravano uscire dai tronchi degli alberi.

"Spezza un ramoscello", mi disse il maestro, "e tutti i tuoi dubbi svaniranno".

Io feci come mi ordinava e dal ramo sgorgarono insieme sangue e parole: "Perché mi schianti? Sei del tutto privo di pietà? Adesso siamo sterpi, ma un tempo eravamo uomini. Non dovresti essere così crudele neanche se fossimo stati dei serpenti!".

Figuratevi come rimasi! Ma il mio maestro si scusò con l'anima sofferente, dicendo che mi aveva spinto a compiere quel gesto perché altrimenti non avrei potuto credere alle sue spiegazioni. E invitò l'anima a raccontare chi era: io sarei tornato nel mondo dei vivi e avrei potuto riscattare almeno in parte la sua memoria, se c'era stata qualche ingiustizia.

I PERCHÉ DI DANTE

Perché il suicidio è considerato da Dante un grave peccato?

Secondo la morale cristiana, la vita è un dono di Dio e come tale l'uomo non ha il diritto di rifiutarla. Il suicidio è quindi un peccato e in passato i suicidi non venivano seppelliti insieme agli altri morti. Oggi, di solito, la Chiesa ha un atteggiamento più pietoso, non si può escludere che i suicidi si pentano e ottengano quindi il perdono di Dio.

Anche per Dante, del resto, non tutti i suicidi sono condannati nello stesso modo. Come forse ricordi, Didone, suicida per amore, si trova fra i lussuriosi, e non tra i violenti: nel suo caso, il peccato principale è la lussuria, il suicidio è solo una conseguenza di quel peccato.

▦ Pier della Vigna*

"Tu mi lusinghi con queste dolci parole", rispose quell'anima "e quindi spero che non vi dispiaccia fermarvi un po' a parlare con me. In vita, io ebbi in mano le chiavi del cuore di Federico II di Svevia* e seppi manovrarle con tanta abilità e delicatezza che rimasi il solo, o quasi, a conoscere tutti i suoi segreti.

> *Io son colui che tenni ambo le chiavi*
> *del cor di Federigo, e che le volsi,*
> *serrando e diserrando, sì soavi,*
>
> *che dal secreto suo quasi ogn' uom tolsi.*

Fui fedele al mio compito, tanto da perdere il sonno e da rovinarmi la salute. Ma l'invidia, che nelle corti regna sovrana, infiammò contro di me gli animi di tutti gli altri, che a forza di calunnie riuscirono a inimicarmi l'imperatore e a trasformare gli onori in umiliazioni. Io pensai di sfuggire alla vergogna dandomi la morte, e così, da giusto che ero, mi trovai condannato all'inferno. Ma non avevo mai tradito il mio signore, e quando tornerai nel mondo, ti prego, dichiaralo a tutti, perché il mio nome è ancora infangato ingiustamente".

▦ La caccia infernale

Vedendo che restavo zitto, Virgilio intervenne: "Non perdere tempo: fagli qualche domanda!".

"Maestro, parla tu per me: io non ci riesco, sono troppo impietosito!".

"Spirito incarcerato", disse allora il maestro, "spiegaci in che modo le anime finiscono in questi legni e dicci se capita mai che qualcuna ne esca".

Il ramo soffiò con forza, poi il vento si trasformò in voce: "Quando l'anima del suicida lascia il corpo, Minosse la manda nel settimo cerchio e lei cade nel bosco, dove capita, e germoglia come un seme, assumendo la forma di un'erba o di una pianta selvatica. Le Arpie si nutrono delle sue foglie, straziandola, per sempre: il giorno del Giudizio, infatti, le nostre anime non torneranno nei corpi a cui abbiamo rinunciato, ma i corpi verranno appesi ai nostri rami".

Mentre Pier della Vigna finiva di parlare, arrivarono correndo fra le piante due dannati, nudi e graffiati: il primo passò come un fulmine, spezzando rami e tronchi, il secondo, ormai senza fiato, si nascose in un cespuglio. E dietro di loro c'era un branco di cagne nere e affamate: raggiunsero quello che si era nascosto e lo fecero a brani coi denti, massacrando anche il cespuglio.

Dalle loro grida capii che si trattava di due scialacquatori, che avevano dilapidato stupidamente i loro beni. Io raccolsi le foglie e i ramoscelli del povero cespuglio, che piangeva e mi raccontava la sua storia.

▥ Settimo cerchio: i sodomiti

Quando uscimmo dalla selva dei suicidi, ci trovammo davanti una distesa di sabbia, su cui cadevano lentamente grosse gocce di fuoco, come fiocchi di neve in montagna, quando non tira vento.

> *Sovra tutto 'l sabbion, d'un cader lento,*
> *piovean di foco dilatate falde,*
> *come di neve in alpe sanza vento.*

E le anime erano divise in gruppi, alcune sdraiate, altre sedute, altre in piedi, e tutte con le mani si affannavano ad allontanare quelle fiamme che cadevano in continuazione.

"Seguimi", disse Virgilio, "e resta ben vicino al bosco, se non vuoi scottarti i piedi".

I perché di Dante
Perché gli scialacquatori sono collocati insieme ai suicidi?
Gli scialacquatori sono coloro che hanno sperperato le proprie ricchezze, fino a ridursi in miseria. Per Dante, questa è una forma di violenza contro se stessi: distruggere i propri beni, come la propria vita, rivela una mancanza di rispetto per i doni che Dio ci ha elargito.

A un certo momento incontrammo un ruscello, rosso come il sangue, che usciva dal bosco e si dirigeva verso il centro della voragine infernale fra due alti argini di pietra. Lì si raccoglievano tutte le lacrime, tutto il dolore del mondo, che dopo aver formato l'Acheronte, lo Stige e il Flegetonte, scendevano a formare l'ultimo fiume infernale, Cocito.

Il maestro mi fece salire su uno degli argini, che non erano colpiti dalle fiamme, e proseguimmo. Ma a un tratto mi sentii afferrare per un lembo del vestito: era Brunetto Latini*, il mio vecchio maestro, condannato fra i sodomiti!

"Oh, se foste ancora vivo!", dissi. "Ho ancora fissa nella memoria l'immagine, che adesso diventa dolorosa, di quando voi, con l'affetto di un padre, mi insegnavate a conquistare una fama immortale:

> *ché 'n la mente m'è fitta, e or m'accora,*
> *la cara e buona imagine paterna*
> *di voi quando nel mondo ad ora ad ora*
>
> *m'insegnavate come l'uom s'etterna".*

Parlammo dei vecchi tempi, del mio viaggio, di quello che mi aspettava (mi ripeté quasi con le stesse parole la profezia di Ciacco), dei suoi compagni di pena. Poi arrivammo alla fine del settimo cerchio e lui dovette tornare indietro.

I PERCHÉ DI DANTE

Perché i sodomiti sono puniti tra i violenti?

Il termine "sodomiti" deriva da Sodoma, la città che, secondo il racconto della *Bibbia*, fu distrutta da una pioggia di fuoco per punire i suoi abitanti corrotti e perversi. Con la parola "sodomiti" Dante indica gli omosessuali e li colloca tra i violenti "contro natura": ai suoi tempi, infatti, l'omosessualità era considerata contraria alle leggi naturali stabilite da Dio.

Oggi sappiamo che l'omosessualità è un fenomeno naturale, diffuso anche tra molte specie animali, infatti gli scienziati non la considerano più una malattia, come in passato. La Chiesa, invece, continua a considerare l'omosessualità un peccato.

Minotauro

Nella mitologia greca, il Minotauro è un essere mostruoso e feroce, col corpo di uomo e la testa di toro. Esso è frutto dell'unione innaturale fra Pasife, moglie di Minosse, e un toro. Quando nacque, per nascondere la vergogna, Minosse lo rinchiuse nel Labirinto e Atene, sconfitta dal re in guerra, doveva inviargli ogni anno sette fanciulle e sette ragazzi affinché li divorasse. Il principe di Atene, Teseo, riuscì però a uccidere il mostro con l'aiuto di Arianna, figlia di Minosse e quindi sorellastra del Minotauro.

Arpie

Le Arpie sono personaggi della mitologia greca col corpo di uccello e la testa di donna. Nell'*Eneide*, Virgilio racconta che Enea e i suoi compagni, in fuga da Troia, approdano alle isole Strofadi, nel mar Ionio, ma sono costretti a fuggire dalle Arpie, che impediscono loro di mangiare. Nella *Divina Commedia* sono uno strumento della giustizia divina, perché mangiano le foglie e spezzano i rami degli alberi dei suicidi.

Pier della Vigna

Nato intorno al 1190 e morto nel 1249, era un notaio al servizio di Federico II di Svevia e divenne uno dei consiglieri più importanti dell'imperatore, che lo incaricò di missioni diplomatiche e gli affidò il controllo dei suoi conti. Nel 1249, forse a causa di una congiura, fu accusato di corruzione e tradimento. Accecato e imprigionato, si tolse la vita. Pier della Vigna è uno dei poeti della "scuola siciliana".

Federico II di Svevia

Nato nel 1194 e morto nel 1250, Federico II è stato uno dei più grandi imperatori del Medioevo. Pur essendo di origine tedesca (era nipote di Federico I Barbarossa), fece della Sicilia e dell'Italia meridionale il centro del suo regno. Feroce avversario del papato, fu un grande intellettuale e animò la cosiddetta "scuola siciliana", a cui appartengono i primi poeti della letteratura italiana. Dante apprezzava la sua azione politica, ma lo condanna all'inferno per la sua mancanza di religiosità.

Brunetto Latini

Nato a Firenze intorno al 1220 e morto nel 1294 o 1295, oggi viene ricordato soprattutto come maestro di Dante, ma ai suoi tempi era un intellettuale famoso in tutta Europa. Le sue opere rivelano la sua passione politica (era guelfo, come Dante, e come lui dovette trascorrere parte della vita in esilio) e sono ispirate dal desiderio di diffondere la cultura presso le classi mercantili in ascesa (anche in questo, Brunetto anticipa alcune idee di Dante).

ATTIVITÀ

COMPRENSIONE

1 **Verifica la comprensione del racconto rispondendo alle seguenti domande.**
- Quali anime sono punite nel sesto cerchio dell'inferno?
- Quali anime sono punite nel settimo cerchio?
- Perché il settimo cerchio è diviso in tre parti?
- Dove si trova Pier della Vigna?
- Dove si trova Brunetto Latini?

2 **Dividi in sequenze e riassumi l'episodio di Pier della Vigna, dal momento in cui Dante vede le Arpie a quello in cui assiste alla "caccia infernale".**

ANALISI

1 **In che modo le Arpie collaborano alla giusta punizione dei peccatori?**

2 **Secondo Dante, Pier della Vigna era colpevole di tradimento nei confronti di Federico II o no? Perché?**

3 **Quali analogie esistono fra i personaggi di Pier della Vigna e di Brunetto Latini? (Puoi scegliere più di una risposta).**
- ☐ Sono entrambi importanti scrittori e intellettuali
- ☐ Sono entrambi al servizio di Federico II
- ☐ Sono entrambi fiorentini
- ☐ Sono entrambi condannati nel settimo cerchio
- ☐ Sono entrambi suicidi

4 **Che cosa succederà ai corpi dei suicidi, dopo il Giudizio Universale? Perché?**

5 Chi sono i sodomiti e come sono puniti all'inferno? Rispondi completando la seguente tabella.

Chi sono	Come sono puniti

6 Ti sembra che Dante abbia nei confronti di Brunetto un atteggiamento:
- ☐ rispettoso
- ☐ affettuoso
- ☐ ostile
- ☐ sprezzante
- ☐ pietoso
- ☐ indifferente

7 Fai una ricerca sull'episodio biblico di Sodoma e Gomorra e sintetizzalo per iscritto.

LINGUA E STILE

1 Ciascuno dei seguenti versi contiene una figura retorica detta *antitesi*. Leggili attentamente e spiega in che cosa consiste questa figura retorica:

Non fronda verde, ma di color fosco;
non rami schietti, ma nodosi e 'nvolti;
non pomi v'eran, ma stecchi con tòsco.

7. I diavoli di Malebolge

Gerione

"Ecco la fiera con la coda aguzza,
che passa i monti e rompe i muri e l'armi!
Ecco colei che tutto 'l mondo appuzza!".

Così mi disse Virgilio quando vide apparire Gerione. Per passare dal settimo all'ottavo cerchio bisogna infatti scendere in un vero e proprio burrone, profondissimo e dalle pareti verticali: scendere camminando non è possibile, per cui salimmo in groppa al mostruoso Gerione, che si era accostato all'orlo dell'abisso offrendoci la sua larga schiena.

Gerione aveva la faccia di un uomo onesto, ma il corpo era quello di un serpente e finiva con una coda biforcuta come quella degli scorpioni. Ben simboleggiava quindi la frode, l'inganno, l'ipocrisia e tutti gli altri peccati puniti nell'ottavo cerchio.

Il maestro mi fece sedere davanti, in modo da proteggermi le spalle (temeva che quell'orrendo mostro mi ferisse a tradimento con un colpo della coda avvelenata) e io, un po' tremando e un po' vergognandomi della mia paura, salii a bordo di quelle spallacce. E volevo dirgli: "Abbracciami", ma la voce non mi uscì. Lui capì lo stesso e mi sostenne, ordinando a Gerione di muoversi.

Gerione scese, ruotando lentamente in larghi giri, come un falco che, dopo essere rimasto a lungo in alto nel cielo, cala senza aver avvistato alcuna preda.

Malebolge

L'ottavo cerchio è detto Malebolge perché è diviso in dieci bolge, o borse, cioè in dieci vallette concentriche, separate fra loro da argini di pietra nera. Per passare da una bolgia all'altra bisogna scalare gli argini, oppure passare su esili ponticelli che collegano un argine all'altro, ma che in alcuni punti sono rotti, a causa del famoso terremoto provocato da Gesù...

Gerione ci depose sul primo argine e si allontanò, veloce come una freccia. Io avevo già incominciato a scorgere qualche cosa dall'alto, e a sentire grida e rumori, ma adesso vidi bene che la prima bolgia era piena di peccatori, nudi, che camminavano in lunghe file; tutt'intorno c'erano diavoli cornuti, muniti di grandi fruste, che li colpivano crudelmente sulla schiena.

> *Di qua, di là, su per lo sasso tetro*
> *vidi demon cornuti con gran ferze,*
> *che li battien crudelmente di retro.*

Io riconobbi un dannato, Venedico Caccianemico, che aveva spinto sua sorella a diventare l'amante del signore di Ferrara, e capii che in quella bolgia erano puniti i seduttori e i ruffiani. Poi con Virgilio salii sul ponte e da lì vidi Giasone*, l'antico eroe famoso per le sue troppe conquiste femminili.

Nella seconda bolgia, immersi nello sterco, ci sono gli adulatori.

Nella terza, i simoniaci sono ficcati a testa in giù dentro a delle buche, simili a quelle che si vedono nel battistero di Firenze, dove si infilano gli adulti per essere battezzati. Da quei buchi uscivano i piedi e le gambe fino al bacino, mentre il resto del corpo era nascosto – e sulle piante dei piedi guizzavano delle fiamme, che costringevano i dannati a dimenarsi con estrema violenza, ma naturalmente senza nessun risultato.

"Chi è, maestro, quello che si dimena più degli altri e che ha le fiamme più grosse sui piedi?", chiesi a Virgilio.

"Se vuoi saperlo", rispose lui, "arriviamo all'altro capo del ponte e scendiamo nella bolgia".

Quando fui accanto a quel dannato, mi inginocchiai come un frate che debba confessare l'assassino condannato a morte e conficcato a testa in giù per essere sepolto vivo. E gli chiesi di parlare.

"Sei già qui, Bonifacio?", gridò subito quello. "Sei già arrivato? Il libro del futuro mi ha ingannato di parecchi anni!".

> *Ed el gridò: "Se' tu già costì ritto,*
> *se' tu già costì ritto, Bonifazio?*
> *Di parecchi anni mi mentì lo scritto".*

Era il papa Niccolò III* e, quando gli spiegai che non ero colui che credeva, mi disse che temeva l'arrivo del suo successore, perché allora sarebbe stato spinto più in fondo in quella specie di tomba.

"È una giusta punizione per voi simoniaci", dissi io allora. "Credi che Pietro abbia pagato Gesù per diventare il primo papa? E perché dunque tu hai mescolato il denaro e la religione?

> *Fatto v'avete Dio d'oro e d'argento;*

quelli come te, che adorano l'oro e l'argento come se fossero delle divinità, sono una sventura, perché opprimono i buoni e favoriscono i malvagi".

L'anima di Niccolò scalciava più che mai. Virgilio mi abbracciò e mi aiutò a risalire sull'argine e poi sul ponte che domina la quarta bolgia.

I PERCHÉ DI DANTE
Perché i simoniaci si chiamano così?

Il termine "simoniaco" deriva da Simon Mago, un personaggio di cui si parla negli *Atti degli Apostoli*, l'opera che narra le vicende dei primi cristiani dopo l'ascesa al cielo di Gesù. Simone, che viveva facendo il mago, decise di farsi cristiano, ma pensò di poter comperare da san Pietro il potere di far scendere lo Spirito Santo su coloro che benediva (ovviamente san Pietro si arrabbiò e lo trattò da impostore).

Il peccato di simonia consiste quindi nel mescolare interessi economici e valori religiosi: Dante, per esempio, accusa Niccolò III e Bonifacio VIII di aver comperato l'elezione papale, corrompendo i cardinali.

▉ L'incontro coi Malebranche

Nella quarta bolgia si trovano gli indovini, che siccome hanno voluto prevedere il futuro, hanno per punizione la testa scardinata e rivolta all'indietro. Rimasi impressionato da quella vista, ma Virgilio mi rimproverò: "Non fare lo sciocco: qui provare pietà è fuori luogo, perché equivale a criticare la giustizia divina. Invece di commuoverti, guarda e impara". E mi mostrò Tiresia, Manto (da cui ebbe nome la città di Mantova), Calcante* e altri.

Passati sull'altro ponte, guardai in giù, nella quinta bolgia: come nell'arsenale di Venezia, nella stagione invernale, bolle la pece che serve per calafatare gli scafi delle navi, così laggiù bolle (senza bisogno di fuoco) una pegola spessa, nera e vischiosa.

Ero tutto concentrato per vedere se si scorgeva qualche anima, quando il maestro mi gridò: "Attenzione!" e mi tirò vicino a sé. Io mi voltai di scatto e vidi un diavolo nero che correva verso di noi lungo l'argine, con le ali aperte e l'aria feroce. Sulle spalle aveva un peccatore, che teneva per i calcagni: arrivò sull'orlo e lo buttò di sotto, dicendo ai suoi compagni: "Malebranche, tenetelo qui, che vado a prendere altri barattieri come lui. La città di Lucca ne è piena, basta pagare e i no diventano sì". Quel disgraziato finì nella pece, ma subito si rizzò in piedi e i diavoli che controllavano la quinta bolgia lo colpirono subito con più di cento dei loro uncini, gridandogli di stare sotto: "Non c'è niente di bello da vedere, qui! O pensi di essere venuto a farti una nuotatina?", sghignazzavano beffardi.

Il maestro mi disse di nascondermi dietro uno scheggione di roccia e andò a parlare coi diavoli, i quali gli si avventarono contro come i cani addosso a un mendicante, se per caso si avvicina a una fattoria; ma Virgilio gridò subito: "Fermi! Prima di prendervela con me, uno di voi venga avanti e ascolti quello che ho da dire".

Tutti gridarono: "Vada Malacoda!". Il maestro gli spiegò che godeva della protezione del Cielo e Malacoda ordinò ai suoi di non fargli del male. Chiamato da Virgilio, anch'io mi feci vedere: e i diavoli mi circondarono e incominciarono a scherzare fra loro: "Vuoi che lo prenda sul groppone?", diceva uno. "Sì, prova a dargli un colpetto", diceva un altro. "Smettila, Scarmiglione!", intervenne Malacoda. E continuò: "Di qui non potete proseguire: il sesto ponte è rotto. Seguite l'argine e arriverete a quello successivo. Alichino, Calcabrina", si rivolse ai suoi, "e voi, Cagnazzo, Libicocco e Draghignazzo, Ciriatto, con quelle zanne, Graffiacane, Farfarello, e quel pazzo di Rubicante, venite avanti; Barbariccia, tu sarai il capo della combriccola".

Barbariccia diede il segnale della partenza con una sonora scoreggia, gli altri risposero con una pernacchia, e via.

▪ L'inganno di Ciampolo

Noi andavam con li diece demoni.
Ahi fiera compagnia! ma ne la chiesa
coi santi, e in taverna coi ghiottoni.

Camminavamo dunque insieme a quei dieci diavoli: terribile compagnia, ma, come dice il proverbio, in chiesa coi santi e in taverna coi ghiottoni.

Costeggiando la quinta bolgia, vedevo i dannati che tenevano la schiena fuori dalla pece bollente, come tanti delfini, per alleviare il dolore; e altri che se ne stavano acquattati lungo l'argine, come le rane, con la testa fuori, pronti a rituffarsi all'arrivo dei diavoli.

Uno fu troppo lento e Graffiacane, che era il più vicino, gli afferrò con l'uncino i capelli impegolati e lo tirò fuori, lustro e nero come una lontra.

"Dai, Rubicante, scorticalo con le tue unghiacce", gridavano tutti. Ciriatto, dalla cui bocca uscivano due zanne degne di un cinghiale, gli fece sentire com'erano affilate.

Ma Barbariccia lo circondò con le braccia e disse: "State indietro, me lo voglio fare io". Libicocco non era d'accordo: "Abbiamo già aspettato troppo", disse, e con un colpo di uncino gli stracciò un braccio. Draghignazzo tentò di colpirlo alle gambe, e Barbariccia li guardò con aria feroce e rivolto a Farfarello, che strabuzzava gli occhi pronto a menare il suo colpo, gridò: "Fatti in là, uccellaccio!".

Virgilio, su mia richiesta, ottenne da Barbariccia il permesso di fare qualche domanda al dannato, che disse di chiamarsi Ciampolo, e quando si accorse che i diavoli non avrebbero aspettato oltre, tentò la fortuna. "Se volete parlare con altri dannati", disse, "io posso chiamarli, ma bisogna che i Malebranche stiano nascosti dietro alle rocce".

"Ci prendi per scemi?", disse Cagnazzo.

"Se pensi di sfuggirci tuffandoti", disse Alichino, "non sperarci: ti raggiungerei a volo prima che tu tocchi la pece".

I diavoli non avevano fatto in tempo a voltargli le spalle che Ciampolo prese lo slancio e si tuffò. "Ti ho preso!", urlò Alichino inferocito dall'inganno. Ma non fu abbastanza svelto e il dannato riuscì a nascondersi. Calcabrina, furibondo, volò anche lui dietro ad Alichino e rivolse gli artigli contro il compagno, che reagì da par suo – e così avvinghiati caddero entrambi nello stagno bollente.

I due si mollarono subito, ma la pece era talmente vischiosa che non riuscivano a riprendere il volo. Gli altri porsero loro gli uncini per tirarli a riva e noi approfittammo dell'occasione per scappare.

I PERCHÉ DI DANTE

Perché i barattieri sono maestri d'inganni?

Il termine "barattiere" deriva da baratto, inteso però in senso negativo, come scambio illegale di favori. I barattieri sono coloro che oggi si definiscono corrotti e corruttori. Naturalmente, essendo illegali, i loro scambi devono essere fatti in segreto, ed ecco perché i barattieri sono abili nell'ingannare il prossimo.

Naturalmente, anche i diavoli incaricati di sorvegliarli e di punirli condividono i difetti di questi dannati: e infatti, come vedremo, anche loro hanno tentato di ingannare Dante e Virgilio.

La sesta bolgia: gli ipocriti

Correndo lungo l'argine, io pensavo fra me: "Chissà come sono arrabbiati con noi, quei diavoli maledetti: hanno perso la loro vittima, hanno fatto una bruttissima figura e due di loro si sono anche ben scottati. Già erano cattivi prima, figuriamoci adesso...".

"Maestro", dissi, "sarà meglio nasconderci, se no...".

"Pensavo esattamente la stessa cosa", disse Virgilio. E proprio in quel momento li vedemmo arrivare con le ali tese, decisi a prenderci. Virgilio abbandonò ogni esitazione, mi prese in braccio e si lasciò scivolare nella sesta bolgia, dove i Malebranche non potevano entrare.

Nella sesta bolgia sono condannati gli ipocriti, costretti a camminare per l'eternità sotto una pesantissima cappa di piombo dorato. Al centro della bolgia sono inchiodati per terra Caifa e gli altri membri del sinedrio, il tribunale religioso ebraico che condannò Gesù, che vengono calpestati da tutti quelli che passano.

Io parlai con alcune anime, che ci spiegarono l'inganno dei Malebranche: tutti i ponti sulla sesta bolgia sono rotti, non solo quello a cui eravamo arrivati noi: l'intenzione dei diavoli quindi era sempre stata malvagia, non avevano mai pensato davvero di aiutarci a proseguire il nostro viaggio!

La settima bolgia: i ladri

Virgilio, irritato per essersi lasciato ingannare, mi aiutò a risalire l'argine della sesta bolgia a denti stretti. E quando, arrivati in cima, mi fermai per riprendere fiato, subito mi rimproverò per la mia pigrizia. Io finsi di essere più forte di come mi sentivo in realtà e lo seguii fino al nuovo ponte, dove ci fermammo per guardare, dall'alto, nella settima bolgia.

Guardando già dalla sommità del ponte, però, non vidi niente, per cui chiesi a Virgilio di poter scendere nella bolgia. Solo a quel punto mi accorsi con orrore che la bolgia era piena di serpenti, vipere, aspidi, draghi e altri rettili di ogni specie, che sfrecciavano avanti e indietro e inseguivano e mordevano le anime e legavano loro le mani dietro la schiena...

Io vidi un serpente mordere un dannato sul collo, e questi prese fuoco, si ridusse tutto in cenere, poi le ceneri, come dicono che accada alla Fenice, ripresero forma e ricostituirono il corpo, che rimase come incantato.

"Chi sei?", gli chiesi.

"Sono Vanni Fucci", disse il ladro, "di Pistoia".

"E qual è la tua colpa?".

"Ho rubato!", gridò lui. "Ma te lo dico solo perché sono costretto. E per farti dispetto ti dico anche che Pistoia si libererà dai Neri, ma Firenze si libererà dai Bianchi". E a chiusura delle sue parole alzò le mani e fece un gestaccio gridando: "A te, Dio!".

I serpenti lo punirono immediatamente, con mio grande piacere (avevo ben capito, infatti, il significato della sua profezia): uno gli si avvolse al collo, per impedirgli di parlare, un altro gli legò le braccia in maniera tale che non poteva più muoversi.

Io vidi un altro serpente slanciarsi contro un dannato e i due corpi mescolarsi, intrecciarsi, confondersi, in maniera che non si riusciva più a capire dove finiva l'uomo e dove incominciava il serpente – e così uniti i due se ne andarono in giro, con due teste e due schiene.

E vidi una cosa ancora più incredibile, che nessuno ha mai descritto prima di me: un serpente morse un'anima nella pancia e

I PERCHÉ DI DANTE

Perché i ladri sono puniti dai serpenti?

Secondo la legge del contrappasso, i ladri sono puniti dai serpenti perché per rubare si intrufolarono nelle case altrui strisciando come rettili. In alcuni casi i serpenti legano loro le mani, strumento del furto; in altri rubano loro l'identità (anzi la stessa natura umana), così come loro hanno rubato i beni altrui. In generale, il furto è considerato da Dante un peccato che degrada l'uomo e lo rende bestiale: per questo il ladro Vanni Fucci è una delle figure più rozze e volgari dell'inferno.

questa incominciò a trasformarsi – le braccia si fecero piccole e rientrarono, le gambe si unirono e diventarono una coda, il corpo si coprì di squame e la lingua si spaccò e divenne forcuta; mentre al serpente spuntavano braccia e gambe e il muso diventava una faccia e incominciava a parlare.

Chi era senza parole eravamo io e Virgilio, che ci arrampicammo in silenzio sull'argine che divide la settima bolgia dall'ottava, turbati da quello che avevamo visto.

Enciclopedia

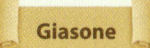
Giasone

Famoso eroe della mitologia greca, capo degli Argonauti, viene condannato da Dante fra i seduttori per aver sedotto e abbandonato prima Ipsipile e poi Medea.

Ipsipile era una principessa dell'isola di Lemno. Le donne di quest'isola avevano ucciso tutti i loro uomini, ma accolsero gli Argonauti e si unirono a loro. Ipsipile ebbe due figli da Giasone, che però la abbandonò per proseguire il viaggio alla ricerca del vello d'oro.

Medea, figlia del re della Colchide Eeta, si innamorò di Giasone e, essendo una maga, lo aiutò a conquistare il vello d'oro, fuggendo con lui. Tornato in patria, però, Giasone si innamorò di un'altra donna e abbandonò Medea per sposarla. Medea si vendicò uccidendo i due figli avuti da Giasone.

Niccolò III e Bonifacio VIII

Il primo (Giangaetano Orsini) fu papa dal 1277 al 1280, anno della sua morte; apparteneva a una grande e potente famiglia, fu un abile politico, ingrandì i possedimenti papali e favorì in ogni modo i suoi parenti.

Il secondo (Benedetto Caetani) fu papa dal 1294 al 1303; acceso sostenitore della supremazia del papato sull'impero, favorì il trionfo dei Neri a Firenze e per questo si guadagnò l'odio di Dante, che lo considerava il primo responsabile del proprio esilio, ma che soprattutto pensava che il papa e l'imperatore dovessero avere pari importanza, uno in ambito religioso e l'altro in ambito politico.

Tiresia, Manto, Calcante

Sono figure della mitologia classica.

Tiresia è un indovino tebano, famosissimo perché coinvolto nella tragedia di Edipo (è lui, infatti, che capisce per primo chi è davvero Edipo e cerca invano di salvarlo). Come molti altri indovini, è rappresentato cieco.

Manto, figlia di Tiresia, ha ereditato dal padre i poteri magici. Dopo la sua morte, il figlio Ocno (secondo quanto racconta Virgilio nell'*Eneide*) fonda in suo onore la città di Mantova.

Calcante è legato invece alla guerra di Troia: è l'indovino che interpreta i segni mandati dagli dei nel campo acheo; è proprio una sua profezia a provocare la lite fra Achille e Agamennone narrata da Omero nell'*Iliade*.

COMPRENSIONE

1 Com'è fatto l'ottavo cerchio dell'inferno? Spiegane la struttura in un breve testo scritto, mettendo in luce le difficoltà che Dante e Virgilio devono affrontare per attraversarlo.

2 Perché Dante e Virgilio devono compiere un tratto di strada insieme ai diavoli? Perché questi tentano di ingannarli? E in che cosa consiste il loro inganno?

....

....

ANALISI

1 Che cosa simboleggia Gerione, il mostro che trasporta Dante e Virgilio dal settimo all'ottavo cerchio?

....

....

2 Quali sono le bolge in cui Dante e Virgilio scendono a parlare con i dannati?

- ☐ Prima
- ☐ Seconda
- ☐ Terza
- ☐ Quarta
- ☐ Quinta
- ☐ Sesta
- ☐ Settima

3 All'epoca del viaggio di Dante (1300), papa Bonifacio VIII era ancora vivo, ma il poeta ci fa capire che finirà all'inferno. In quale luogo verrà collocato, e perché?

....

....

4 **I diavoli della quinta bolgia sono protagonisti di uno degli episodi più famosi dell'*Inferno*. Completa la seguente tabella, individuando le azioni dei diavoli da cui emergono le caratteristiche che ti elenchiamo nella prima colonna:**

I diavoli sono...	E infatti...
perfidi	
bugiardi	
volgari	
violenti	
ridicoli	
ironici	

5 **Come si spiega la pena a cui sono condannati i ladri?**

6 **Quali sono i tratti del personaggio di Vanni Fucci?**
– Aspetto fisico: ....
– Atteggiamenti: ....
– Psicologia: ....

7 **Che cosa profetizza a Dante questo personaggio e perché?**
....

LINGUA E STILE

1 **Spiega il significato che hanno nel testo le seguenti parole:**
adulatori: ....
simoniaci: ....
barattieri: ....

2 **In questo capitolo si trovano alcune similitudini con animali. Individuale e sottolineale nel testo, poi spiega perché a tuo avviso Dante insiste su questo tema in questa zona dell'inferno.**

8. Ulisse

▧ I consiglieri di frode

Ben cinque fiorentini avevo visto o riconosciuto fra i ladri. E il pensiero di Firenze, della sua corruzione, della sua decadenza, mi tormentava mentre insieme a Virgilio mi affacciavo sull'ottava bolgia. "Sei proprio una grande città", dicevo dentro di me, "perfino nell'inferno il tuo nome è citato in lungo e in largo". E mi chiedevo fino a quando Dio avrebbe sopportato questa situazione senza intervenire, senza punire una simile corruzione.

Ma tutti questi pensieri svanirono dalla mia mente quando, affacciandomi dal ponte dell'ottava bolgia, vidi in lontananza dei puntini di luce, che mi fecero pensare alle lucciole che si vedono accendersi, prima a una a una e poi a sciami sempre più numerosi, nelle sere d'estate, poco dopo il tramonto. L'ottava bolgia infatti risplendeva di fiamme.

Virgilio, che mi vedeva attento, anzi proteso verso quelle fiamme, a rischio di cadere giù dal ponte, mi disse: "Dentro a ogni fiamma c'è un peccatore".

E io: "Maestro, la tua spiegazione mi rassicura, ma l'avevo già intuito. Ma volevo chiederti: chi c'è in quella fiamma che sembra doppia, come se contenesse due anime anziché una sola?".

Rispuose a me: "Là dentro si martira
Ulisse e Dïomede*..."

▧ Presentazione di Ulisse

"Ulisse e Diomede", proseguì Virgilio, "sono puniti in questa bolgia, tra i consiglieri di frode, per tre peccati che hanno commesso insieme.

80

Primo peccato: poiché Troia non si riusciva a conquistare, Ulisse e Diomede suggerirono ai capi achei di costruire un cavallo di legno con l'interno cavo e di riempirlo di soldati; gli Achei finsero di partire, abbandonando il cavallo, i Troiani ingenuamente lo portarono dentro alle mura e durante la notte i guerrieri achei uscirono, aprirono le porte ai loro compagni, che erano tornati in silenzio, e tutti insieme distrussero la città.

Secondo peccato: Achille, il più forte degli eroi greci, era indispensabile per conquistare Troia, ma sua madre Teti sapeva che sarebbe morto in guerra e lo nascose, vestito da donna, presso la corte del re di Sciro, la cui figlia Deidamia si innamorò di lui. Ulisse e Diomede andarono sull'isola e, fingendosi mercanti, offrirono alle figlie del re gioielli, vesti e armi: naturalmente l'unica a osservare con interesse le armi era Achille travestito, che venne così smascherato.

Terzo peccato: la città di Troia era protetta da una statua della dea Pallade Atena, detta Palladio. Ulisse e Diomede penetrarono di notte nella città con l'inganno e rubarono la statua – ma siccome per farlo avevano dovuto uccidere una sentinella, toccarono la statua con mani sporche di sangue, commettendo un atto profondamente irreligioso.

Per questi tre inganni essi sono condannati all'inferno".

"Se possono parlare, maestro, mi piacerebbe molto ascoltarli. Ma molto davvero".

"La tua curiosità è buona; però lascia parlare me, perché erano Greci e sai che i Greci hanno un carattere molto orgoglioso... Voi, che

---

I PERCHÉ DI DANTE

Perché Ulisse è condannato all'inferno?

Dante spiega chiaramente le ragioni per cui Ulisse e Diomede sono condannati all'inferno: l'inganno del cavallo, quello ai danni di Achille e Deidamia, il furto sacrilego del Palladio. Il viaggio di Ulisse, invece, pur essendo un "folle volo", non costituisce un peccato di superbia: Dante elogia apertamente la sete di conoscenza di Ulisse e il suo desiderio di "divenir del mondo esperto" superando gli ostacoli imposti dalle tradizioni.

state insieme nello stesso fuoco, in nome dei versi che vi ho dedicato quand'ero in vita, fermatevi; e tu, Ulisse, racconta come sei morto".

La fiamma più grossa delle due incominciò a vibrare, come scossa dal vento, e poi, muovendo la cima qua e là, come una lingua, mandò fuori la voce e disse così:

▉ Il racconto di Ulisse: la nuova partenza da Itaca

"Quando

*mi diparti' da Circe, che sottrasse
me più d'un anno là presso a Gaeta,
prima che sì Enëa la nomasse,*

*né dolcezza di figlio, né la pieta
del vecchio padre, né 'l debito amore
lo qual dovea Penelopè far lieta,*

*vincer potero dentro a me l'ardore
ch'i' ebbi a divenir del mondo esperto
e de li vizi umani e del valore;*

*ma misi me per l'alto mare aperto
sol con un legno e con quella compagna
picciola da la qual non fui diserto.*

Quando lasciai Circe, che mi trattenne per più di un anno a Gaeta*, in Campania, prima che Enea le desse questo nome, né l'affetto per mio figlio Telemaco, né la pietà per il mio vecchio padre Laerte, né l'amore per mia moglie Penelope riuscirono a vincere il fortissimo desiderio che sentivo in me di fare esperienza del mondo e di conoscere i vizi e le virtù degli uomini. E così ripresi il mare, e non mi limitai a costeggiare, ma affrontai il mare aperto, con una nave sola e con quei pochi compagni che non mi avevano abbandonato.

Viaggiammo per tutto il Mediterraneo, visitammo la Sardegna e le altre isole, costeggiammo le sue sponde fino alla Spagna e al Marocco.

▪ Il folle volo

Io e i miei compagni eravamo vecchi e lenti quando arrivammo allo stretto di Gibilterra, dove Ercole aveva messo le sue "colonne" per segnalare agli uomini che non dovevano andare più in là. Sulla destra, per noi che andavamo verso l'oceano, avevamo superato Siviglia, sulla sinistra, la città marocchina di Ceuta*.

'Fratelli miei', dissi allora, 'che superando centomila pericoli siete arrivati fino all'estremo occidente, ci resta poco tempo da vivere: approfittiamone per fare esperienza del mondo che nessuno ha mai visto, seguendo il sole.

> *Considerate la vostra semenza:*
> *fatti non foste a viver come bruti,*
> *ma per seguir virtute e canoscenza.*

Considerate la vostra natura: non siete stati fatti per vivere come bestie, che si accontentano e non hanno aspirazioni più alte, ma per seguire la virtù, cioè il bene, e la conoscenza, cioè per cercare la saggezza'.

Con queste poche parole io resi talmente desiderosi di proseguire i miei compagni che a fatica, a quel punto, li avrei trattenuti. E volta la poppa all'est, iniziammo il nostro folle volo a forza di remi, seguendo la costa atlantica dell'Africa.

I PERCHÉ DI DANTE

Perché Ulisse si rimette in viaggio?

La parola chiave del racconto di Ulisse è "esperto", ribadita dai successivi "esperienza" e "canoscenza": ciò che spinge Ulisse a lasciare di nuovo Itaca è dunque il desiderio di conoscenza, lo stesso che nell'*Odissea* l'aveva spinto a entrare nella grotta di Polifemo e ad aspettare il mostro, senza ascoltare i consigli dei compagni che lo invitavano a fuggire.

In questo, l'atteggiamento di Ulisse è simile a quello dei cavalieri erranti dei romanzi medievali, che lasciavano il castello in cerca di "avventure", cioè di prove, di ostacoli, per mettere in luce il proprio valore e la propria virtù. La seconda parola chiave del racconto di Ulisse, strettamente unita a "canoscenza", è infatti "virtute".

▓ La montagna e il gorgo

Avevamo ormai superato da un bel pezzo l'equatore, e infatti di notte vedevamo tutte le stelle dell'altro polo (quelle del nostro emisfero non sorgevano più dalla superficie del mare). Erano passati cinque mesi, da quando avevamo intrapreso quell'avventura, ignorando il limite delle colonne d'Ercole, quando ci apparve una montagna, bruna per la distanza e più alta di qualunque altra avessimo mai visto.

Noi ci rallegrammo, ma ben presto quell'allegria si trasformò in pianto; perché da quella terra che avevamo appena scoperto si levò un turbine, una tempesta, che colpì la prua della nave; tre volte la fece girare, in un gorgo d'acqua, e alla quarta la poppa si levò in alto e la prua sprofondò in basso, spinta da una forza invincibile, finché il mare non si richiuse sopra di noi.

Noi ci allegrammo, e tosto tornò in pianto;
ché de la nova terra un turbo nacque
e percosse del legno il primo canto.

Tre volte il fé girar con tutte l'acque;
a la quarta levar la poppa in suso
e la prora ire in giù, com' altrui piacque,

infin che 'l mar fu sovra noi richiuso".

I PERCHÉ DI DANTE

Perché il viaggio di Ulisse è "folle"?

Ulisse infrange tutte le barriere tradizionalmente rispettate dagli altri viaggiatori: prima si dirige verso "l'alto mare aperto" (mentre i marinai della sua epoca viaggiavano lungo le coste); poi supera le colonne d'Ercole (che segnavano i confini oltre i quali l'uomo non doveva andare); finalmente in vista dell'alta montagna del purgatorio il viaggio si interrompe, perché Ulisse, essendo pagano e perciò privo della Grazia divina, non può visitare l'aldilà.

Il suo viaggio è quindi "folle" perché aspira a cose che l'uomo non può raggiungere con le sue sole forze. Al contrario di Ulisse, Dante, che è cristiano e che compie il suo viaggio per volere del Cielo, potrà visitare tutto l'aldilà e tornare sano e salvo a raccontarcelo.

■ Guido da Montefeltro

Quando Ulisse e Diomede si allontanarono, un'altra fiamma si avvicinò spontaneamente e mi rivolse la parola: mi aveva sentito parlare e aveva riconosciuto l'accento. "Dimmi se i romagnoli hanno pace o guerra", mi chiese, "perché io vengo proprio da quella parte d'Italia".

Io gli raccontai che la Romagna era dilaniata da guerre feroci, come sempre, e che i signori (in realtà dissi: "i tiranni") si combattevano l'un l'altro, senza pensare al bene dei loro popoli. Poi, come al solito, la curiosità ebbe il sopravvento e volli sapere chi era e perché si trovava lì.

"Ti rispondo solo perché so che non potrai mai rivelare queste cose a nessuno", disse lui, "dato che sei nell'inferno come me". Non aveva capito che io ero vivo, e io mi guardai bene dal dirglielo. "Devi sapere che io sono stato prima un cavaliere, poi, pensando di conquistarmi il paradiso, mi sono fatto frate. E sarei riuscito nel mio intento, se non fosse intervenuto il papa, quel maledetto, che mi spinse a commettere un nuovo peccato.

Ecco la storia: ero sempre stato più astuto che forte, ma mi ero pentito di queste mie cattive arti. Sennonché Bonifacio VIII era

---

I PERCHÉ DI DANTE

Perché Guido si lascia convincere da Bonifacio VIII?

Il ragionamento del diavolo che trascina all'inferno l'anima di Guido da Montefeltro è corretto: l'assoluzione dai peccati può essere concessa solo a chi si pente sinceramente del male commesso, ma non è possibile pentirsi di un peccato prima di averlo commesso, perciò l'assoluzione di Bonifacio VIII non ha alcun valore e Guido è dannato.

Tutto l'atteggiamento di Guido rivela che la sua religiosità è superficiale: la scelta di farsi frate non nasce da una vera conversione, ma da un calcolo che ha come scopo la conquista del paradiso. Dante vuol farci capire che questi calcoli, dal punto di vista morale e religioso, non hanno alcun valore, perché Dio guarda alla sincerità del nostro cuore, e non ai gesti esteriori. Guido invece resta vittima proprio della sua visione esteriore della fede e così non capisce che Bonifacio VIII lo sta compromettendo per l'eternità.

impegnato in una lotta fratricida, non con i musulmani o con gli ebrei, ma con altri cristiani, i Colonna*, e mi chiese un consiglio.

Io rimasi in silenzio, perché avrei dovuto suggerire un inganno, ma lui disse: 'Non preoccuparti, tu insegnami come conquistare Palestrina, la roccaforte dei miei nemici, e io, che sono il papa, ti assolvo fin d'ora dal tuo peccato'. Così gli dissi di promettere molto e di mantenere poco, e lui finse di riconciliarsi coi Colonna, riuscì a ingannarli e ottenne la vittoria.

Quando morii, san Francesco venne a prendermi per portarmi con sé in paradiso; ma uno degli angeli neri disse: 'Non mi fare torto, questo deve venire con me, perché non si può assolvere chi non si pente, e non ci si può pentire prima di aver commesso il peccato'. E con questo ragionamento mi prese ghignando e mi portò da Minosse, che si avvolse otto volte nella coda e mi condannò al fuoco di questa bolgia".

Seminatori di discordie e falsari

Come raccontare adesso il sangue e le ferite che vidi nella nona bolgia? Qui sono dannati i seminatori di discordie, e un diavolo li colpisce con una spada affilata ogni volta che gli passano davanti, percorrendo in circolo la bolgia. Qui vidi Maometto e il suo seguace Alì*, colpevoli di aver fondato una nuova religione, spaccati dalla testa all'addome, che trascinavano nella polvere le proprie viscere; e vidi Bertram del Bornio, che nelle sue poesie aveva esaltato la guerra, le lotte, la violenza, decapitato da un colpo di spada e costretto a camminare tenendosi la testa in mano a mo' di lanterna.

Virgilio mi faceva fretta, perché il tempo a nostra disposizione non era molto, e passammo quindi alla decima bolgia, dove si trovano coloro che hanno prodotto monete false e coloro che hanno assunto false identità. Queste anime sono afflitte da una fortissima febbre, da scabbia, lebbra, tumori e altre orribili malattie che le rendono sofferenti e disgustose nello stesso tempo. A causa di questi mali, molte anime non riuscivano a muoversi, ma si grattavano furiosamente con le unghie, lacerandosi la pelle. E altre, completamente pazze, correvano per la bolgia, mordendo i loro compagni di pena.

Io riconobbi Mirra*, che si travestì per sedurre suo padre, e pochi altri; poi la mia attenzione fu catturata da uno che sembrava un liuto, tanto aveva grossa la pancia rispetto alle gambe e alle braccia magrissime. Era affetto da idropisia, una malattia che fa accumulare l'acqua nel ventre e provoca una sete terribile e perenne, che lo costringeva a tenere sempre la bocca aperta.

"Voi che andate in giro per l'inferno senza alcuna pena, abbiate pietà del povero maestro Adamo", disse piangendo. "Da vivo ho avuto tutto quello che volevo, e adesso desidero invano un sorso d'acqua. Ho sempre davanti agli occhi l'immagine dei ruscelli che alimentano l'Arno nel Casentino*, e queste immagini aumentano la mia sofferenza: la severa giustizia di Dio prende spunto dal luogo in cui sono nato (e in cui sono stato bruciato per aver falsificato i fiorini d'oro) per rendere più profondi i miei sospiri...".

▦ Sinone

"E chi sono", domandai io a questo punto, "i due che hai accanto e che fumano come le mani bagnate d'inverno?".

"Una è la moglie di Putifarre*, la donna che accusò Giuseppe e lo fece imprigionare ingiustamente; l'altro è Sinone*, il Greco che mentì per spingere i Troiani a portare il cavallo dentro le mura della città. È per la febbre che emanano questo puzzo".

Sinone, evidentemente, si offese per questa presentazione e gli diede un pugno nel pancione, che suonò come un tamburo. Mastro Adamo rispose con una gomitata in faccia, dicendogli: "Ho le gambe bloccate, ma il braccio funziona ancora bene".

"Non ce l'avevi così pronto quando andavi al rogo", ribatté Sinone, "ma solo quando coniavi monete false".

E mastro Adamo: "È vero. Peccato che tu non abbia detto il vero anche a Troia, quando Priamo te lo chiese".

"Io sono qui per una sola colpa, e tu per più di chiunque altro".

"Ricordati del cavallo, spergiuro, e vergognati, che lo sa tutto il mondo!".

"E tu ricordati della sete che ti crepa la lingua e dell'acqua marcia che ti gonfia la pancia!".

"Io avrò sete e gonfiore, ma tu hai l'arsura della febbre e il mal di testa e non credo che ci vorrebbero molte parole per convincerti a bere!".

Io seguivo attentamente questo litigio, quando il maestro mi disse: "Restiamo pure qui, se vuoi, così mi arrabbio davvero!".

Mi girai pieno di vergogna e tentai di scusarmi, senza trovare le parole.

"Va bene, va bene", disse il maestro, "ma ricordati che la curiosità, in questi casi, è cosa meschina e volgare".

I PERCHÉ DI DANTE

Perché Dante usa spesso le parolacce?

Nell'ottavo cerchio dell'inferno, Dante usa spesso delle parolacce. Per esempio, fra gli adulatori immersi nello sterco ci mostra una donna "che là si graffia con l'unghie *merdose*"; quando Barbariccia dà il segnale della partenza alla sua banda di diavoli, dice che "avea del *cul* fatto trombetta"; descrivendo Maometto con il ventre squarciato da un colpo di spada descrive lo stomaco e l'intestino, cioè il sacco "che *merda* fa di quel che si trangugia"; il ladro Vanni Fucci, nella sua rabbia, alza verso Dio le mani "con amendue le *fiche*" (oggi diremmo: mostrando il dito medio).

Naturalmente questa insistenza sulla volgarità serve a far risaltare la natura dei diavoli e dei dannati che popolano questo cerchio dell'inferno. Dante ci descrive anche gli aspetti più turpi della realtà (e della lingua), ma non a caso, quando lui stesso ne resta troppo affascinato e si ferma ad ascoltare il litigio fra Sinone e mastro Adamo, Virgilio lo rimprovera: la ragione ci fa conoscere tutto, ma deve anche aiutarci a scegliere, a distinguere e a giudicare il bene e il male. Insomma, Dante usa le parolacce, ma proprio per farci capire quanto siano volgari e degradanti.

Diomede

Nella mitologia greca, Diomede è uno degli eroi più importanti che partecipano alla guerra di Troia. Le sue avventure non si concludono però con la conquista della città: tornato ad Argo, infatti, scoprì che la moglie e i sudditi l'avevano dimenticato e decise di partire per l'Italia, dove portò la civiltà.

Gaeta

Gaeta è una città della Campania, vicina al confine con il Lazio. Il nome deriva da quello della nutrice di Enea, che si chiamava appunto Gaeta e che morì in quel luogo durante il viaggio verso la foce del Tevere – Enea stabilì che il posto dovesse chiamarsi come lei in sua memoria.

Siviglia e Ceuta

Siviglia è una città del sud della Spagna. Di origini antichissime, ai tempi dell'antica Grecia era un importante centro commerciale. Ai tempi di Dante, dopo un lungo periodo di dominazione musulmana, era stata da poco riconquistata dai cristiani.

Ceuta è una città che sorge sulla costa marocchina, ma politicamente appartiene alla Spagna. Era già nell'antichità un porto importante; ai tempi di Dante era una fortezza musulmana.

La famiglia Colonna

Fu una delle famiglie romane più potenti del Medioevo. Dopo aver contribuito all'elezione di Bonifacio VIII, i Colonna entrarono in conflitto con lui, che confiscò tutti i loro beni e assediò per ben due anni (1297-1298) la città di Palestrina, centro del potere dei Colonna. I Colonna uscirono sconfitti: in parte furono uccisi, in parte imprigionati, in parte fuggirono in Francia, dove aiutarono il re Filippo il Bello nella sua lotta contro Bonifacio.

Maometto e Alì

Il profeta arabo Maometto (Muhammed), vissuto tra la fine del VI e l'inizio del VII secolo d.C., è il fondatore dell'islam, una delle tre grandi religioni monoteiste. Dopo la morte di Maometto, il ruolo di califfo (guida suprema dell'islam) venne assunto dai suoi più stretti collaboratori: Alì, suo cugino e genero (aveva sposato una delle figlie di Maometto), fu il quarto califfo e venne assassinato nel 661.

Mirra

Nella mitologia greca, è una principessa che a causa della sua scarsa devozione alla dea dell'amore Afrodite viene fatta innamorare del padre Ciniro. Con l'inganno, Mirra si unisce al padre e resta incinta; quando quest'ultimo scopre l'inganno, tenta di ucciderla e gli dei, impietositi, la trasformano nell'albero da cui si estrae la resina profumata detta appunto mirra.

Casentino

Il Casentino è la valle in cui scorre il primo tratto del fiume Arno. Si trova in Toscana, in provincia di Arezzo.

La moglie di Putifarre

Secondo il racconto della *Bibbia*, la moglie dell'egiziano Putifarre tentò di sedurre Giuseppe, figlio di Giacobbe, che era suo schiavo; poi, di fronte al suo rifiuto, disse che aveva tentato di violentarla e lo fece imprigionare ingiustamente. Giuseppe però ottenne la fiducia del direttore delle carceri e riacquistò la libertà perduta.

Sinone

Sinone è protagonista di un famoso episodio dell'*Eneide* di Virgilio: dopo aver abbandonato il cavallo pieno di guerrieri sulla spiaggia di Troia, gli Achei fingono di allontanarsi, ma lasciano indietro l'astuto Sinone, che si fa catturare dai Troiani e con l'inganno convince il re Priamo a portare il cavallo all'interno delle mura della città.

COMPRENSIONE

1 **Riassumi brevemente il viaggio di Ulisse, tenendo conto delle tre sequenze in cui è diviso.**

I sequenza	
II sequenza	
III sequenza	

2 **Spiega brevemente chi sono e come sono puniti i dannati delle ultime bolge dell'ottavo cerchio.**
- Ottava bolgia: ....
- Nona bolgia: ....
- Decima bolgia: ....

ANALISI

1 **Per quali peccati Ulisse e Diomede sono condannati all'inferno?**
....

2 **In quali passi del racconto di Ulisse emerge il suo desiderio di conoscenza?**
....

3 **Perché Ulisse non può arrivare fino alla montagna del purgatorio?**
....

4 **Qual è la colpa di Guido da Montefeltro e perché nel suo peccato è coinvolto anche Bonifacio VIII?**
....

5 **Perché Maometto e Alì sono messi da Dante nella nona bolgia?**
- ☐ Perché sono musulmani
- ☐ Perché hanno seminato discordia
- ☐ Perché hanno ucciso i loro nemici
- ☐ Perché non sono stati cristiani

6 **Dante distingue una curiosità positiva, che spinge alla conoscenza e alla virtù, e una curiosità negativa, che rischia di avere effetti degradanti.**
- – In quale episodio emerge la prima curiosità? In quale la seconda?

....

- – Che cosa ci aiuta a distinguere le due forme di curiosità?

....

LINGUA E STILE

1 **Rileggi questi versi famosi e spiega esattamente il significato delle parole sottolineate:**

Considerate la vostra <u>semenza</u>:
fatti non foste a viver come <u>bruti</u>,
ma per seguir <u>virtute</u> e <u>canoscenza</u>.

semenza: ....

bruti: ....

virtute: ....

canoscenza: ....

2 **Nel litigio fra Sinone e mastro Adamo, Dante ricorre al registro volgare o basso della lingua. Sottolinea le espressioni più rozze e volgari usate dai due interlocutori.**

9. Il conte Ugolino

I giganti

Voltate le spalle all'ultima bolgia, Virgilio ed io procedemmo in una semi-oscurità che lasciava appena intravedere il nostro cammino. E all'improvviso sentii un suono di corno, più forte di qualsiasi tuono, che mi fece venire in mente quello con cui il paladino Orlando*, perduta la battaglia a Roncisvalle, chiamò (ma troppo tardi) l'esercito di Carlo Magno in suo soccorso.

Aguzzai la vista nella direzione da cui giungeva quel suono e vidi delle torri, simili a quelle che caratterizzano le mura di Monteriggioni, nei pressi di Siena.

"Maestro", dissi, "che città è questa?".

E lui: "La distanza ti impedisce di vedere bene, ma quelle non sono torri, bensì giganti: i loro piedi sono posati sul fondo del nono cerchio, e sporgono da quel pozzo dalla cintola in su".

Man mano che ci avvicinavamo, quegli esseri mostruosi mi apparivano in tutta la loro grandezza: ci sarebbero voluti tre uomini, e ben alti, come olandesi o tedeschi, per arrivare dal terreno su cui io posavo i piedi alla loro testa – e forse non sarebbero stati sufficienti. Meno male, pensai, che la natura non produce più simili esseri, perché gli elefanti e le balene, che pure sono enormi, almeno non sono animati dalla cattiveria di costoro.

"Raphèl maì amècche zabì almi",

cominciò a gridare il gigante a noi più vicino. E Virgilio: "Sciocco, continua a suonare il tuo corno, se devi sfogare l'ira in qualche modo!". Poi mi disse: "Questo è Nembrot, di cui si legge nella *Bibbia* che fece costruire la Torre di Babele*, che nelle sue intenzioni doveva giungere fino al Cielo. Per la sua superbia, Nembrot è condannato a parlare una lingua che nessuno capisce, e lui stesso non capisce nessuna delle altre lingue".

I giganti del nono cerchio sono sei: accanto a Nembrot c'è Fialte, figlio di Nettuno, iracondo anche lui, tanto da sfidare Giove, e legato come Nembrot per impedirgli di nuocere; più in là trovammo Anteo*, l'unico non incatenato, che da tanto era alto mi fece venire in mente una delle due famose torri di Bologna, quella detta della Garisenda. Virgilio gli chiese gentilmente di aiutarci a scendere e lui ci prese nella mano enorme e chinandosi ci depose ai propri piedi, sul ghiaccio di Cocito. Gli altri tre giganti (Briareo, Tizio e Tifo) erano troppo lontani e non potei vederli.

▨ Il nono cerchio

Il nono cerchio è un enorme lago ghiacciato: le acque del fiume Cocito, infatti, sono colpite da un vento gelido, provocato dalle sei alacce di pipistrello che Lucifero, al centro della terra, sbatte in continuazione. Le anime dei traditori sono divise in quattro zone: Caìna, Antenòra, Tolomea e Giudecca, a seconda della colpa che hanno commesso.

Nella prima zona, che prende nome da Caino, il figlio di Adamo ed Eva che uccise a tradimento suo fratello Abele, si trovano i traditori dei parenti. Le anime, immerse nel ghiaccio fino alla vita, battono i denti rumorosamente, facendo un rumore come le

---

I perché di Dante

Perché Anteo non è incatenato come gli altri giganti?

Secondo la mitologia greca, i giganti tentarono la scalata al cielo e furono sconfitti da Zeus (Giove) dopo un'aspra guerra. Anteo, però, non partecipò alla lotta, e per questa ragione Dante lo rappresenta come il più "civile" dei sei, l'unico non incatenato e con cui si possa parlare. Virgilio, quando gli chiede di aiutarlo posando lui stesso e Dante sul fondo ghiacciato del nono cerchio, non usa il tono deciso di chi dà ordini, come fa di solito con le creature infernali, ma un tono cortese e rispettoso, a sottolineare il carattere "speciale" di Anteo.

cicogne quando sbattono il becco; dagli occhi, che tengono chini a terra, colano le lacrime.

Io vidi due anime accostate e chiesi loro di dirmi chi erano; ma quando alzarono il volto per rispondermi, le lacrime colarono sulla bocca e subito si congelarono, bloccandogliela. Un'anima vicina, che per il gelo aveva perso le orecchie, parlò al posto loro: "Vuoi sapere chi sono? Due fratelli, uno guelfo e l'altro ghibellino, che scesero in guerra uno contro l'altro e si uccisero a vicenda. Sono ancora legati, come vedi, non dall'amore, ma dall'odio".

Nella seconda zona, detta Antenòra*, si trovano i traditori della patria, immersi nel ghiaccio fino al collo. Passando fra loro, involontariamente colpii col piede la faccia di uno, che mi sgridò: "Perché mi calpesti? Sei venuto a vendicarti anche tu di Montaperti?".

"Maestro", dissi io, "aspetta un po', che voglio capire chi è costui".

"Dimmi piuttosto chi sei tu", disse quell'anima, "che da come mi hai colpito sembreresti vivo".

"Sono vivo", risposi, "e quando ritornerò sulla terra potrò parlare di te, se lo desideri".

"Vattene via: io desidero proprio il contrario".

Allora gli afferrai i capelli con la mano: "Dimmi il tuo nome, se non vuoi che ti lasci pelato".

"Neanche se me li strappi tutti e se mi prendi di nuovo a calci in faccia", disse quel dannato.

E continuò a urlare per i miei strattoni, finché un altro gridò: "Si può sapere che cos'hai, Bocca*? Non ti basta battere i denti, devi anche abbaiare?".

"Adesso ho capito chi sei, malvagio traditore", dissi io, "e racconterò a tutti dove ti ho visto".

"Vattene, e racconta quello che vuoi. Ma non dimenticarti che quello che ha parlato è Buoso da Dovera, che re Manfredi nominò generale e che si lasciò corrompere dai francesi di Carlo d'Angiò*".

◼ Ugolino e Ruggieri*

Mentre ci allontanavamo, vidi altre due anime vicine, e una delle due mordeva selvaggiamente l'altra sulla nuca.

"Tu che mostri un odio così bestiale per quello che mangi, dimmi il perché: se hai ragione, ti renderò giustizia raccontando la tua storia".

La bocca sollevò dal fiero pasto
quel peccator, forbendola a' capelli
del capo ch'elli avea di retro guasto.

Quel peccatore sollevò la bocca dal suo pasto feroce, asciugandola nei capelli del capo che rodeva da dietro, e incominciò a parlare così:

"Tu vuoi che io rinnovi un dolore disperato, che mi opprime il cuore solo a pensarci, ancora prima di parlarne. Ma se le mie parole frutteranno infamia al traditore che divoro, mi vedrai parlare e piangere insieme.

Sappi dunque che io sono il conte Ugolino, e questo è l'arcivescovo Ruggieri. Siccome dall'accento mi sembri fiorentino, saprai già che io fui catturato e ucciso per il tradimento di costui. Ma quello che non puoi sapere è il modo in cui sono morto.

◼ Il sogno

La torre della Muda, dov'ero tenuto prigioniero, ha una finestrella, e attraverso di essa avevo visto più volte la luna crescere e calare, quando ebbi il sogno che mi svelò il futuro: l'arcivescovo era a capo di un gruppo di persone che davano la caccia al lupo e ai suoi lupetti sulla montagna che segna il confine tra Pisa e Lucca, con l'aiuto di cagne magre e fameliche e dei miei nemici – i Gualandi, i Sismondi, i Lanfranchi... Il lupo e i suoi figli ben presto si sentivano stanchi e mi sembrava di vederli morire azzannati.

Quando mi risvegliai, prima del sorgere del sole, sentii i miei figli che piangevano nel sonno e chiedevano da mangiare. Sei ben crudele, se non ti commuovi pensando a ciò che il mio cuore già prevedeva: se non piangi adesso, per cosa piangi di solito?

> *Quando fui desto innanzi la dimane,*
> *pianger senti' fra 'l sonno i miei figliuoli*
> *ch'eran con meco, e dimandar del pane.*

> *Ben se' crudel, se tu già non ti duoli*
> *pensando ciò che 'l mio cor s'annunziava;*
> *e se non piangi, di che pianger suoli?*

■ La morte per fame

Si svegliarono, arrivò l'ora in cui di solito ci portavano da mangiare, e tutti eravamo in dubbio, perché avevamo avuto un sogno premonitore. E io sentii chiudere a chiave la porta dell'orribile torre – e guardai in faccia i miei figli senza parlare.

Non piansi, ma dentro mi sentii diventare di pietra: loro invece piangevano, e il mio piccolo Anselmo disse: 'Padre, cos'hai da guardarci così?'

> *Io non piangëa, sì dentro impetrai:*
> *piangevan elli; e Anselmuccio mio*
> *disse: 'Tu guardi sì, padre! che hai?'.*

Quando il sole sorse, il giorno dopo, vidi riflessa nell'aspetto dei miei figli la mia disperazione, e per il dolore mi morsi le mani. E loro, pensando che lo facessi per fame, subito si alzarono e dissero. 'Padre, mangia noi, piuttosto; tu ci hai dato questi corpi, tu hai diritto di toglierceli'. Allora mi calmai, per non rattristarli ulteriormente.

Quel giorno e quello successivo restammo in silenzio. Ahi, dura terra, perché non t'apristi? Quando arrivò il quarto giorno, Gaddo mi si gettò ai piedi dicendo: 'Padre mio, perché non mi aiuti?', e morì. E come tu vedi me io vidi cadere gli altri tre ad uno ad uno, tra il quinto e il sesto giorno. Per altri due giorni, già cieco, rimasi poi a brancolare sopra di loro e a chiamarli, poi morii anch'io – di fame, visto che non ero morto di dolore.

> *Poscia che fummo al quarto dì venuti,*
> *Gaddo mi si gittò disteso a' piedi,*
> *dicendo: 'Padre mio, ché non m'aiuti?'.*

> *Quivi morì; e come tu mi vedi,*
> *vid' io cascar li tre ad uno ad uno*
> *tra 'l quinto dì e 'l sesto; ond' io mi diedi,*

> *già cieco, a brancolar sovra ciascuno,*
> *e due dì li chiamai, poi che fur morti.*
> *Poscia, più che 'l dolor, poté 'l digiuno".*

I PERCHÉ DI DANTE

Perché Pisa ha commesso un'ingiustizia nei confronti di Ugolino?

Secondo Dante, Pisa ha condannato giustamente a morte il conte Ugolino, in quanto traditore. Secondo la mentalità medievale la colpa di una persona ricadeva su tutta la sua famiglia, e quindi anche sui figli (anche i figli di Dante, per esempio, vennero condannati all'esilio insieme a lui). Dante non mette in discussione questo principio, ma osserva che i figli di Ugolino erano poco più che ragazzi e quindi non potevano essere considerati colpevoli. Solo per questo, secondo lui, Pisa ha commesso una grave ingiustizia.

Naturalmente le nostre leggi (e la mentalità da cui nascono) sono molto diverse: per lo stato italiano, la pena di morte è sempre ingiusta e la colpa o l'innocenza di una persona riguardano solo quella persona, e non i suoi parenti, neanche quelli più stretti.

Quand'ebbe finito il suo racconto, strabuzzò gli occhi e riprese a mordere il cranio dell'altro disgraziato, come un cane intento a spolpare un osso.

Ah, Pisa, che vergogna! Il conte Ugolino era colpevole di averti tradito, cedendo ai tuoi nemici alcune fortezze, ma perché tu hai condannato a questa pena terribile anche i suoi figli? La tenera età rendeva del tutto innocenti Uguccione, il Brigata e gli altri due nominati prima.

La Tolomea*: Frate Alberigo e Branca Doria

Nella terza zona del nono cerchio, detta Tolomea, si trovano i traditori degli ospiti, costretti in posizioni innaturali e contorte. Neppure il sollievo del pianto è loro concesso, perché le lacrime, gelandosi, coprono di ghiaccio i loro occhi.

Al nostro passaggio, un dannato ci gridò: "Anime crudeli, tanto che siete condannate all'ultima zona dell'ultimo cerchio, toglietemi dalla faccia questo ghiaccio, in modo che possa sfogare un poco il mio dolore piangendo".

"Dimmi chi sei", risposi, "se vuoi che ti aiuti. E se non mantengo la parola... ebbene, che io possa arrivare fino in fondo all'inferno".

"Sono frate Alberigo, quello della frutta".

"Ma come", dissi, "non sei ancora vivo?". Quell'accenno alla

I PERCHÉ DI DANTE

Perché Dante mette all'inferno l'anima di persone ancora vive?

Secondo la religione cristiana, una persona può pentirsi dei suoi peccati, per quanto siano gravi, fino all'ultimo istante della sua vita. Non esistono quindi, in teoria, peccati "imperdonabili". Dante, con il personaggio di frate Alberigo, si concede forse l'unico "errore" teologico del suo poema, ma lo fa non per caso, bensì per ragioni artistiche: vuole in questo modo sottolineare l'orrenda gravità del peccato di cui Alberigo e i suoi simili si sono macchiati.

frutta mi aveva illuminato: Alberigo apparteneva a una confraternita laica, e per questo era detto "frate". Era nato un conflitto tra lui e due suoi parenti, e per risolvere la questione una volta per tutte Alberigo aveva pensato bene di invitarli a pranzo e di farli uccidere dai suoi sicari a un segnale prestabilito – quando aveva ordinato di "servire la frutta" gli assassini erano entrati in azione. L'episodio aveva fatto scandalo, ma non mi risultava che Alberigo fosse già morto...

"Il mio corpo è ancora sulla terra, sì", rispose lui alla mia domanda. "Ma il mio peccato è stato talmente grave che appena l'ho commesso un diavolo ha preso il mio posto e la mia anima è finita quaggiù. E lo stesso vale per molte altre anime di questa zona, come Branca Doria, il condottiero genovese che per impadronirsi del Lugoduro in Sardegna invitò a cena il suocero e lo fece tagliare a pezzi. Ma adesso allunga la mano, aprimi gli occhi come hai promesso".

Io non lo feci, e credo di aver fatto bene.

Enciclopedia

Orlando

Paladino e nipote di Carlo Magno, Orlando è il protagonista del più celebre poema epico medievale, *La canzone di Orlando*. La storia narrata ha il suo momento culminante nella battaglia di Roncisvalle, durante la quale la retroguardia dell'esercito di Carlo, comandata da Orlando, viene attaccata con forza dai traditori musulmani. Orlando, per un malinteso sentimento di orgoglio, rifiuta di suonare il corno magico detto "olifante", che avrebbe richiamato il grosso dell'esercito, fino a quando è troppo tardi. Carlo arriva dopo la sua morte e non può far altro che vendicarlo.

Torre di Babele

Narra la *Bibbia* che all'inizio della storia tutti gli uomini parlavano la medesima lingua. Il re di Babilonia Nembrot, reso superbo dalla sua statura gigantesca e dalla sua forza sovrumana, decise di dare l'assalto al Cielo e iniziò la costruzione di una enorme torre, ma Dio confuse le lingue degli uomini, che non riuscirono più a comprendersi e dovettero interrompere il lavoro.

Anteo

Nella mitologia greca, Anteo re di Libia era un gigante figlio del dio del mare Poseidone e della dea Terra. Nessuno era in grado di batterlo nella lotta, perché ogni volta che, cadendo, toccava la terra riacquistava le forze. Eracle (Ercole) lo sconfisse con l'astuzia, tenendolo sollevato in aria e stritolandolo fra le braccia.

Antenòra

La seconda zona di Cocito deve il suo nome al personaggio di Antènore, un Troiano che tradì la propria patria consegnando a Ulisse e Diomede il Palladio in cambio della salvezza per sé e per la propria famiglia.

Bocca degli Abati

Fiorentino di parte guelfa, era a capo della cavalleria durante la battaglia di Montaperti (1260). Fu accusato di tradimento, cioè di aver provocato apposta lo sbandamento dei cavalieri che fu all'origine della sconfitta dei guelfi, e Dante lo punisce all'inferno per questo. In realtà, sembra che Bocca abbia lasciato cadere lo stendardo che doveva fare da punto di riferimento per la cavalleria perché qualcuno gli aveva mozzato la mano che lo reggeva...

Manfredi e Carlo d'Angiò

Manfredi (1232-1266) era figlio dell'imperatore Federico II di Svevia. Capo dei ghibellini di tutta Italia, continuò la politica del padre, lottando contro il papato, ma fu sconfitto da Carlo d'Angiò (1226-1285), fratello del re di Francia, e morì combattendo nella battaglia di Benevento (1266). Dante lo incontrerà in purgatorio.

Ugolino e Ruggieri

Il conte Ugolino della Gherardesca (1220-1289) fu uno dei più importanti uomini politici di Pisa all'epoca delle lotte tra guelfi e ghibellini. Ugolino apparteneva alla fazione ghibellina, ma tentò un accordo con i guelfi, e fu perciò sospettato di tradimento. L'arcivescovo di Pisa Ruggieri degli Ubaldini, pur essendo in teoria alleato di Ugolino (in quanto ghibellino come lui), approfittò dell'occasione per liberarsi di un pericoloso rivale e lo fece giustiziare.

Tolomea

La terza zona di Cocito prende il nome da Tolomeo di Gerico, un generale di cui si parla nella *Bibbia*, perché uccise a tradimento il suo re Simone Maccabeo e i figli di quest'ultimo, dopo averli invitati a banchetto.

COMPRENSIONE

1 **Il nono cerchio è costituito dal fiume:**

☐ Acheronte   ☐ Cocito

☐ Stige   ☐ Flegetonte

2 **Per passare dall'ottavo al nono cerchio, Dante e Virgilio si fanno aiutare da Anteo, che è** ....

ANALISI

1 **Ricostruisci la vicenda di Ugolino rispondendo alle seguenti domande.**

– A quale fazione politica appartenevano il conte Ugolino e l'arcivescovo Ruggieri?

– Perché Ugolino è stato condannato a morte?

– Perché, secondo Dante, la città di Pisa è stata ingiusta?

2 **Qual è il peccato commesso da frate Alberigo? E quali sono le conseguenze del suo peccato?**

3 **Qual è l'atteggiamento di Dante nei confronti dei dannati del nono cerchio?**

☐ Si impietosisce   ☐ È sconvolto dalle loro sofferenze

☐ Non prova alcuna pietà   ☐ È inorridito dalla loro bestialità

LINGUA E STILE

1 **Il racconto di Ugolino è scandito da continue indicazioni temporali. Sottolineale nel testo e spiega perché Ugolino insiste tanto sull'esatto momento dei vari avvenimenti.**

2 **Il verso famoso *"Poscia, più che 'l dolor, poté 'l digiuno"* significa:**

☐ che Ugolino è morto di dolore

☐ che Ugolino è morto di fame

☐ che Ugolino prima di morire di fame ha divorato i suoi figli

☐ che Ugolino prima è morto di dolore e poi di fame

10. Lucifero

Apparizione di Lucifero*

"Ecco le insegne del re dell'inferno!", disse il maestro. "Le vedi?".

Come si scorge un mulino a vento quando c'è nebbia fitta o quando cala la notte, così allora mi parve di scorgere un edificio simile. Ma siccome il vento soffiava con forza spaventosa, fui costretto a mettermi dietro a Virgilio, perché non c'erano altri ripari.

Eravamo arrivati, e mentre lo scrivo mi torna la paura di allora, alla quarta zona dell'ultimo cerchio, la Giudecca, dove le anime sono tutte immerse nel ghiaccio e si vedono come pagliuzze nel vetro, alcune sdraiate, altre in piedi, altre a testa in giù, altre tutte storte e ripiegate come un arco.

> Già era, e con paura il metto in metro,
> là dove l'ombre tutte eran coperte,
> e trasparien come festuca in vetro.
>
> Altre sono a giacere; altre stanno erte,
> quella col capo e quella con le piante;
> altra, com' arco, il volto a' piè rinverte.

I PERCHÉ DI DANTE

Perché Lucifero, oltre che cattivo, è brutto e stupido?

Prima che Dio creasse l'uomo, Lucifero (il nome significa "portatore di luce") era il più bello e intelligente degli angeli, ma a causa di queste sue doti inorgoglì e arrivò a credersi superiore a Dio, si ribellò e dichiarò guerra al suo creatore. Naturalmente la guerra si concluse con la vittoria di Dio e degli angeli a lui fedeli: Lucifero, che era stato l'angelo più vicino a Dio, venne scagliato nel punto dell'universo più lontano da lui, cioè al centro della terra, e da bellissimo e intelligentissimo qual era venne trasformato nel mostro orrendo e completamente privo di intelligenza che Dante incontra in fondo all'inferno.

Quando Virgilio decise che era giunto il momento di farmi vedere quello che un tempo era stato l'angelo più bello del creato, si scostò e mi disse di fermarmi.

"Ecco", disse, "qui bisogna proprio che tu sia forte".

Immaginate come potevo stare in quel momento: non morii e non rimasi vivo, ma mi sentii come sospeso fra le due condizioni. L'imperatore del regno doloroso sbucava dal ghiaccio con metà del petto, ed era talmente grosso che le sue braccia sono, rispetto a un gigante, quello che un gigante tutto intero è rispetto a me.

I tre più grandi peccatori della storia

Io rimasi molto stupito nel vedere che la sua testa aveva tre facce. Quella davanti era rossa; le altre due, attaccate alla prima sopra le spalle e unite alla sommità del capo, erano tra bianca e gialla (come gli europei o gli asiatici) quella di destra, e nera (come gli africani che vengono dalle sorgenti del Nilo) quella di sinistra.

> *Oh quanto parve a me gran maraviglia*
> *quand' io vidi tre facce a la sua testa!*
> *L'una dinanzi, e quella era vermiglia;*
>
> *l'altr' eran due, che s'aggiugnieno a questa*
> *sovresso 'l mezzo di ciascuna spalla,*
> *e sé giugnieno al loco de la cresta:*
>
> *e la destra parea tra bianca e gialla;*
> *la sinistra a vedere era tal, quali*
> *vegnon di là onde 'l Nilo s'avvalla.*

Sotto a ciascuna faccia spuntavano due enormi ali, degne di un simile uccellaccio, più grandi delle vele delle navi. Non avevano penne, ma erano simili a quelle dei pipistrelli, e il loro movimento produceva tre venti, che ghiacciavano l'acqua di Cocito. I suoi sei occhi piangevano e dai suoi tre menti colava saliva mista a sangue.

Con ogni bocca maciullava tra i denti un peccatore. Quello davanti soffriva più per i graffi che per i morsi, e la schiena restava spesso tutta scorticata. "Quell'anima lassù, punita più severamente delle altre", mi spiegò Virgilio, "è Giuda Iscariota*, l'apostolo che tradì Gesù; ha la testa dentro alla bocca e le gambe che sporgono.

Gli altri due, che invece hanno la testa fuori, sono Bruto e Cassio*, i traditori di Giulio Cesare. Bruto è quello maciullato dalla faccia nera: guarda come si dimena senza emettere un solo lamento! Cassio, che sembra così muscoloso, è quello che pende dalla faccia di colore giallastro.

> *quel che pende dal nero ceffo è Bruto:*
> *vedi come si storce, e non fa motto!;*
>
> *e l'altro è Cassio, che par sì membruto".*

I PERCHÉ DI DANTE

Perché Bruto e Cassio sono considerati da Dante colpevoli quasi come Giuda?

Secondo Dante, Giulio Cesare è stato un personaggio storico ispirato da Dio, perché ha fondato l'impero romano, e questo impero universale, che abbracciava tutto il mondo conosciuto, era voluto appunto da Dio in modo che il messaggio di Gesù potesse diffondersi presso tutti gli uomini. Tradendo Giulio Cesare, che si fidava di loro, Bruto e Cassio si sono opposti a un disegno della Provvidenza e hanno quindi commesso un peccato gravissimo, paragonabile a quello di Giuda. Quest'ultimo, comunque, è ancora più colpevole di loro, e infatti soffre di più (Lucifero gli maciulla la testa, mentre Bruto e Cassio sono masticati "solo" dalla vita in giù).

▦ La risalita

Ormai avevamo visto tutto e il tempo a nostra disposizione era finito. Virgilio mi disse di aggrapparmi a lui e, quando Lucifero aprì bene le ali, si attaccò ai peli del suo petto e incominciò a scendere. Quando arrivammo all'attaccatura della coscia, non senza fatica, si girò a testa in giù e incominciò a risalire le gambe.

Per un attimo pensai che stessimo tornando nell'inferno, ma subito capii che avevamo superato il centro della terra e stavamo risalendo dall'altra parte. Il maestro uscì da un buco nella roccia e mi mise a sedere – e guardando in giù io vidi Lucifero, capovolto.

"Su", disse il maestro, "in piedi, la via è lunga e tutt'altro che facile".

Non era proprio una passeggiata, quella che dovevamo percorrere, ma un budello naturale, col fondo irregolare e male illuminato. Salendo, Virgilio mi spiegò che eravamo ormai nell'emisfero australe, quello opposto al nostro, la cui superficie è tutta coperta dal mare, come la nostra dalle terre. Quando Lucifero, ribellatosi a Dio, era stato sconfitto nella grande guerra che aveva scatenato, era stato precipitato al centro della terra, cioè nel luogo dell'universo più lontano da Dio. La crosta terrestre, per non essere contaminata da lui, si era spostata tutta nell'altro emisfero, e anche all'interno la terra si era ritratta, formando quel cunicolo che stavamo percorrendo.

Quando fummo vicini alla superficie, trovammo l'uscita non grazie alla vista, perché era buio, ma grazie allo scroscio di un ruscello che penetra nel cunicolo e arriva fino al centro della terra. Virgilio ed io, senza mai fermarci, lui davanti e io dietro, salimmo finché tornai a vedere le bellezze del cielo attraverso un'apertura rotonda. E di lì uscimmo a rivedere le stelle:

salimmo sù, el primo e io secondo,
tanto ch'i' vidi de le cose belle
che porta 'l ciel, per un pertugio tondo.

E quindi uscimmo a riveder le stelle.

Lucifero

Il nome Lucifero (= portatore di luce) indica l'angelo più splendente del paradiso, che all'origine dei tempi si ribellò a Dio e fu scagliato nel profondo dell'inferno. Dante usa anche altri nomi per indicare questa creatura: per esempio Satana (= avversario, oppositore) e Belzebù (= signore delle mosche). Il termine "diavolo" deriva dal greco e significa "colui che è stato scagliato giù": quando Lucifero si ribellò, secondo il mito, trascinò con sé un terzo degli angeli, che dopo la sconfitta vennero trasformati in diavoli.

Giuda Iscariota

Giuda è uno dei dodici apostoli di Gesù e, quando viene a sapere che il Maestro è ricercato per essere arrestato e processato, lo tradisce in cambio di trenta monete d'oro.

È lui infatti che, all'arrivo delle guardie, indica Gesù baciandolo su una guancia. Secondo alcune leggende, Giuda si pentì poco dopo e, per punirsi del suo tradimento, si impiccò a un albero, detto ancora oggi "albero di Giuda".

Bruto e Cassio

Bruto (85-42 a.C.) e suo cognato Cassio (87-42 a.C.) erano i capi della congiura che, il 15 marzo del 44 a.C., portò alla morte di Giulio Cesare. Ai tempi delle lotte fra Cesare e Pompeo, entrambi erano stati avversari di Cesare, ma Cesare li aveva perdonati e accolti nella sua cerchia. Il loro "tradimento" aveva come scopo la restaurazione della repubblica, che Cesare, con la sua dittatura, aveva di fatto annientato. Bruto e Cassio furono sconfitti pochi mesi dopo da Ottaviano e Antonio, nella battaglia di Filippi, dove entrambi morirono.

COMPRENSIONE

1 **Il nono cerchio è diviso in quattro zone. Spiega:**
 – chi sono i dannati che si trovano in questo cerchio

 ....

 – perché la prima zona si chiama Caina

 ....

 – quali sono le differenze nelle pene dei dannati

 ....

2 **Lucifero maciulla i tre più grandi traditori della storia. Indica chi sono e qual è il loro peccato.**

	Nome	Peccato
Primo traditore		
Secondo traditore		
Terzo traditore		

ANALISI

1 **Completa la seguente tabella con i tratti di Lucifero, mettendo in luce la trasformazione avvenuta in lui dopo la caduta (cioè dopo la sconfitta a opera di Dio e degli angeli fedeli).**

	Prima della caduta	Dopo la caduta
Aspetto fisico		
Carattere morale		
Facoltà intellettuali		

2 Secondo la religione cristiana, Dio è uno e trino (cioè riunisce in sé Padre, Figlio e Spirito Santo). Che collegamento potrebbe esserci tra questo fatto e il modo in cui viene rappresentato Lucifero?

3 Perché Virgilio, dopo essere sceso aggrappato ai peli di Lucifero, si capovolge? In quale momento lo fa?

4 L'inferno si chiude con un'immagine di luce: quale?

5 Con quale immagine era iniziato?

6 Che effetto vuole ottenere Dante in questo modo? (Puoi scegliere più di una risposta).
- ☐ Sottolineare la bruttezza dell'inferno
- ☐ Contrapporre l'inizio e la fine del viaggio
- ☐ Farci riflettere sul fatto che la luce simboleggia Dio
- ☐ Farci capire che la parte peggiore del viaggio è ormai trascorsa

LINGUA E STILE

1 Nei versi che abbiamo citato, Dante usa parole ancora vive nell'italiano di oggi, ma poco usate. Spiega il loro significato e inventa per ciascuna di esse una frase di senso compiuto.

Parola	Significato	Frase
Festuca		
Vermiglia		
Ceffo		
Pertugio		

Purgatorio

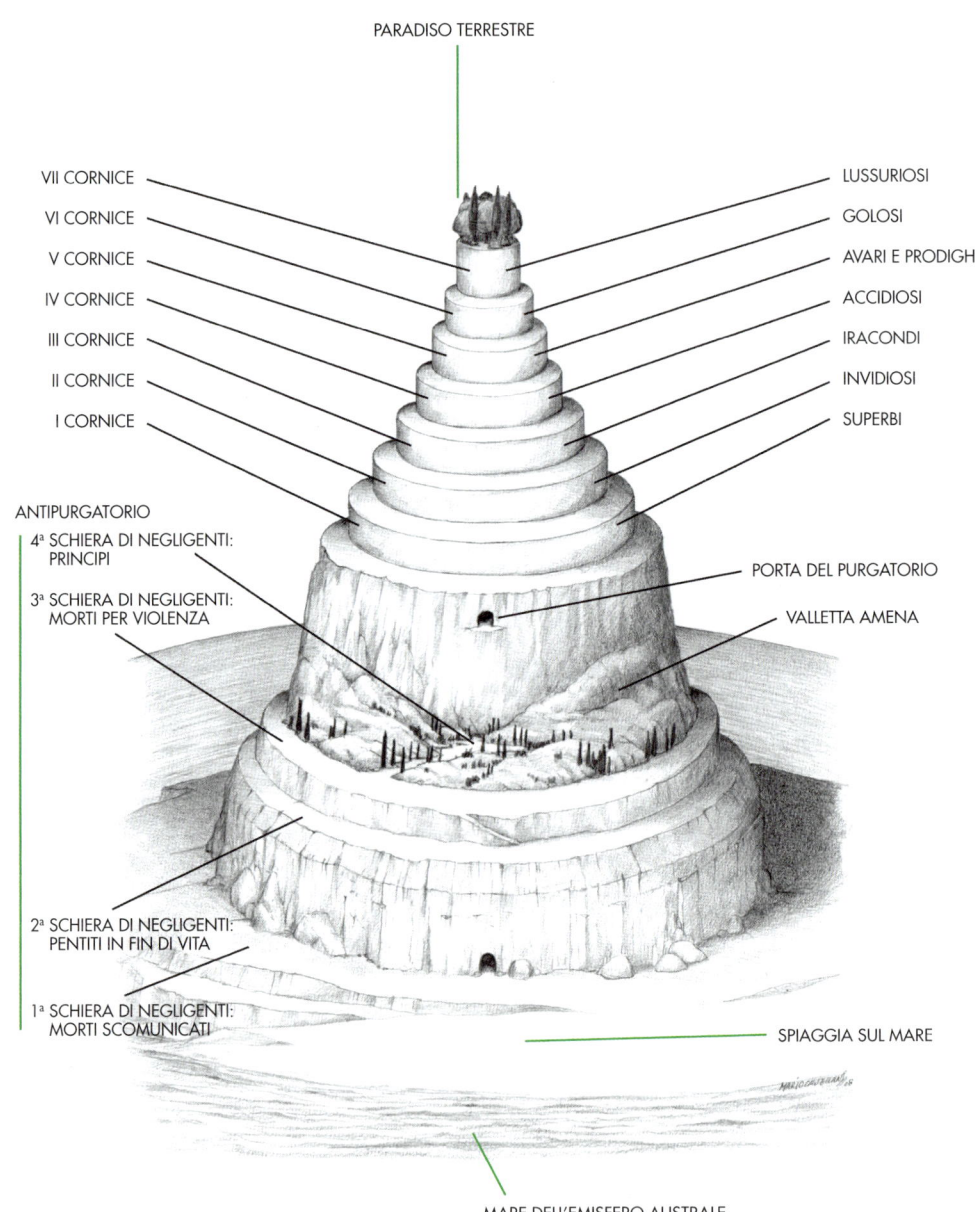

PARADISO TERRESTRE

VII CORNICE — LUSSURIOSI

VI CORNICE — GOLOSI

V CORNICE — AVARI E PRODIGHI

IV CORNICE — ACCIDIOSI

III CORNICE — IRACONDI

II CORNICE — INVIDIOSI

I CORNICE — SUPERBI

ANTIPURGATORIO

4ª SCHIERA DI NEGLIGENTI:
PRINCIPI

3ª SCHIERA DI NEGLIGENTI:
MORTI PER VIOLENZA

PORTA DEL PURGATORIO

VALLETTA AMENA

2ª SCHIERA DI NEGLIGENTI:
PENTITI IN FIN DI VITA

1ª SCHIERA DI NEGLIGENTI:
MORTI SCOMUNICATI

SPIAGGIA SUL MARE

MARE DELL'EMISFERO AUSTRALE

11. L'arrivo nel purgatorio

◼ L'alba

Dolce color d'orïental zaffiro (...)

a li occhi miei ricominciò diletto,
tosto ch'io usci' fuor de l'aura morta
che m'avea contristati li occhi e 'l petto.

Appena uscimmo da quell'atmosfera morta che mi aveva riempito l'animo di tristezza e mi aveva costretto più volte a piangere, una dolce sfumatura azzurro cupo, simile a quella degli zaffiri, là verso oriente, mi rallegrò la vista.

Potete immaginare che voglia avessi di rivedere il cielo! Era ancora buio, ma stava per sorgere il sole e all'orizzonte brillava la luce del pianeta Venere, la prima a farsi vedere al tramonto e

---

I PERCHÉ DI DANTE

Perché le quattro stelle erano state viste solo da Adamo ed Eva?

Sbucando dall'inferno sulla spiaggia del purgatorio, Dante si trova nell'emisfero sud: la montagna del purgatorio sorge infatti esattamente agli antipodi di Gerusalemme. Dante sapeva bene che le costellazioni dell'emisfero sud erano completamente diverse da quelle del nostro e che i marinai, in mancanza della Stella polare, si orientavano grazie alla Croce del Sud. Ma le quattro stelle che formano la Croce del Sud per lui hanno anche un valore simbolico, poiché rappresentano le quattro virtù cardinali (giustizia, fortezza, prudenza e temperanza), cioè quelle virtù a cui l'uomo può giungere con le proprie forze e con la propria ragione.

Nell'universo fantastico della *Divina Commedia*, le terre si trovano tutte nell'emisfero nord, le acque in quello sud. Quindi gli unici esseri umani che hanno visto le quattro "stelle sante" da vivi sono Adamo ed Eva, nel paradiso terrestre che si trova in cima al purgatorio, prima di esserne scacciati a causa del peccato originale.

l'ultima a svanire all'alba. Più in alto brillavano altre quattro stelle, bellissime: erano le stelle della Croce del Sud e solo Adamo ed Eva le avevano viste da vivi prima di me.

■ L'intervento di Catone*

Quando riabbassai lo sguardo, mi vidi accanto un vecchio solo, con un volto paterno, autorevole, che ispirava sentimenti di reverenza. Aveva la barba lunga e piena di fili bianchi, e i capelli dello stesso colore gli ricadevano addirittura sul petto. La luce di quelle quattro stelle gli colpiva il volto, sì che mi parve già illuminato dal sole.

> *"Chi siete voi che contro al cieco fiume*
> *fuggita avete la pregione etterna?",*
> *diss' el, movendo quelle oneste piume.*

> *"Chi v'ha guidati, o che vi fu lucerna,*
> *uscendo fuor de la profonda notte*
> *che sempre nera fa la valle inferna?".*

"Chi siete voi, che risalendo il corso del ruscello siete fuggiti dall'inferno?", chiese quell'anima con voce severa, rompendo improvvisamente il silenzio. Era tanto agitata che parlando scuoteva la testa e la barba e i capelli gli svolazzavano da tutte le parti. "Chi vi ha fatto strada, chi vi ha illuminato il cammino, tanto che siete usciti dall'oscurità che sempre domina la voragine infernale? Rispettate le leggi divine, dannati, tornatevene da dove siete venuti!".

Virgilio mi prese senza tanti complimenti e mi fece inginocchiare in segno di umiltà, con la testa china e le mani giunte, poi parlò lui: "Non siamo arrivati qui per caso, ma perché una donna scesa dal cielo mi ha pregato di accompagnare costui. E non siamo dannati: questo è un uomo vivo, e io sono un'anima del Limbo, dove si trova anche Marzia*, tua moglie, che tanto amavi e che ancora pensa a te".

Queste parole mi fecero capire chi avevo di fronte: era l'anima di Catone l'Uticense, il grande rivale di Giulio Cesare, che si era ucciso in segno di protesta quando Cesare, sconfitto definitivamente Pompeo, aveva instaurato la dittatura.

"Per amore di Marzia", proseguì Virgilio, "lasciaci dunque proseguire il nostro viaggio; accetta di buon grado l'arrivo di costui: anche lui cerca la libertà, come te, quando a Utica ti desti la morte.

> *Or ti piaccia gradir la sua venuta:*
> *libertà va cercando, ch'è sì cara,*
> *come sa chi per lei vita rifiuta".*

▨ I consigli di Catone

"Quand'ero in vita ho tanto amato Marzia che non le ho mai rifiutato nulla", disse Catone, sempre burbero, ma già convinto; "adesso però non serve a niente pregarmi in suo nome. Se è vero, come dici, che il vostro viaggio si svolge sotto la protezione del cielo, non c'è bisogno di aggiungere altro.

I PERCHÉ DI DANTE

Perché Catone, pur essendo un suicida, non è all'inferno?

Il suicidio, secondo la religione cristiana, è un grave peccato: togliersi la vita significa infatti disprezzare un dono che Dio ci ha fatto (la vita stessa) e quindi rappresenta un'offesa alla divinità. Il suicidio di Catone, però, ha un significato diverso: il grande avversario di Cesare si è ucciso in segno di protesta, per rivendicare l'importanza della libertà. Il suo gesto non nasce dal disprezzo per la vita, al contrario, proprio perché Catone amava la vita il suo sacrificio acquista tutta la sua importanza. Ecco perché non è condannato nel settimo cerchio dell'inferno, tra i violenti contro se stessi.

In teoria, Catone dovrebbe trovarsi nel Limbo, tra i grandi uomini dell'antichità pagana. Ma la sua fama di uomo giusto, inflessibile custode dei principi morali tradizionali, ha spinto Dante a farne il simbolo della libertà e il guardiano del purgatorio, garantendogli così l'ingresso in paradiso dopo il giorno del Giudizio.

Vai pure, e mi raccomando: lava la faccia del tuo compagno, perché non è il caso di presentarsi all'angelo tutto sporco e con gli occhi ancora offuscati dall'aria dell'inferno; e legagli intorno alla vita uno dei giunchi che crescono sulla riva di quest'isola – sono le uniche piante che possono resistere al continuo battito delle onde, grazie alla loro flessibilità. Per proseguire, poi, dovete prendere un'altra strada: il sole che sta per sorgere ve la mostrerà". E con queste parole scomparve.

Io alzai la testa e guardai Virgilio. "Seguimi", disse lui, "il terreno qui scende, cerchiamo la riva".

Fui io a scorgerla per primo, mentre andavamo soli soletti, cogliendo il riflesso dei primi raggi del sole sull'acqua. Virgilio allora si chinò, si bagnò le mani con la rugiada che ancora non era evaporata e mi accarezzò dolcemente la gote, togliendomi di dosso tutto il nero dell'inferno. Poi strappò una canna, che subito rispuntò identica, e me la allacciò in vita.

■ L'angelo nocchiero

Il sole era ormai giunto all'orizzonte e il cielo a poco a poco cambiava colore, quando comparve all'orizzonte un lume rossastro – mi sembra ancora di vederlo – che si avvicinava a velocità sovrumana, come se volasse.

I PERCHÉ DI DANTE

Perché Virgilio cinge Dante con un giunco?

La piccola cerimonia con cui Virgilio, seguendo le istruzioni di Catone, segna il passaggio dall'inferno al purgatorio, ha un significato simbolico. Il lavaggio del volto di Dante serve ovviamente a togliere ogni traccia del male che i due hanno visto nell'inferno. Il giunco simboleggia la flessibilità, cioè la capacità delle anime pentite di cambiare: non a caso, i giunchi sono le uniche piante che crescono sulla riva del purgatorio, perché le altre, col tronco rigido, non resistono ai colpi delle onde, cioè non si piegano alla giustizia divina.

E infatti distolsi un attimo gli occhi, per chiedere a Virgilio cos'era, e subito dopo lo vidi più grande, più vicino. E ai lati del lume scorsi qualcosa di bianco, e poi sotto ancora qualcos'altro...

Il maestro stava zitto e guardava attentamente, e quando si accorse che il primo bianco erano due ali, esclamò: "Piega, piega le gambe! È un angelo! Mettiti a mani giunte! Vedi che non ha bisogno di remi o di vele per guidare la barca? Gli bastano le ali, che tiene ben diritte verso il cielo e che certo non perdono le loro penne come quelle delle creature mortali!".

Man mano che l'angelo si avvicinava, la sua luminosità mi feriva gli occhi, e fui costretto ad abbassarli. Lui giunse a riva a bordo di una navicella leggera e snella, che non affondava minimamente nell'acqua, malgrado ci fossero dentro più di cento anime che cantavano dolcemente un salmo, quello che ricorda la liberazione degli Ebrei dalla schiavitù in Egitto. Quando l'angelo fece il segno della croce, tutte quelle anime si precipitarono a riva e la barca si allontanò veloce com'era venuta.

◼ Casella*

Le anime si guardavano intorno, incerte sul cammino da prendere. Ci videro e ci chiesero la strada. Ma Virgilio rispose che anche noi eravamo appena arrivati, sia pure per una strada più difficile e pericolosa della loro. E intanto che lui parlava, quelle anime si accorsero che io ero vivo, perché mi videro respirare, e rimasero come incantate a guardarmi.

Una tuttavia si fece avanti e mi abbracciò affettuosamente. Io d'istinto restituii l'abbraccio, e per tre volte afferrai l'aria: mi ero dimenticato che le anime sono incorporee! Mi tirai indietro, arrossendo un po', e finalmente riconobbi chi era.

"Fermati un momento", dissi allora, "parliamo un po'".

"Certo che mi fermo", rispose. "Ti volevo bene da vivo, come potrei non volertene da morto? Ma tu, come mai sei qui?".

"Casella mio", risposi, "sto facendo questo viaggio per poter tornare in purgatorio, quando sarà il momento, anziché finire all'inferno. Ma tu sei morto da un bel pezzo. Come mai arrivi soltanto adesso?".

"Devi sapere che più volte mi è stato impedito di salire sulla barca: ma da quando è iniziato l'Anno Santo l'angelo accoglie senza difficoltà tutte le anime che si raccolgono alla foce del Tevere, dove in questo momento sta ritornando con la sua barca".

E io: "Se non ti è proibito e se non hai disimparato a farlo, cantami qualcosa come facevi un tempo: il mio animo è così turbato, dopo tutto quello che ho visto!".

"Amor che ne la mente mi ragiona"
cominciò elli allor sì dolcemente,
che la dolcezza ancor dentro mi suona.

Lui incominciò a cantare una mia canzone, *Amor che nella mente mi ragiona*, con tale dolcezza che mi sembra di sentirlo ancora. E io, il maestro e tutte le altre anime restammo come incantati ad ascoltarlo e ci dimenticammo di ogni altra cosa.

I PERCHÉ DI DANTE

Perché Casella ha dovuto aspettare per arrivare in purgatorio?

La risposta è che non lo sappiamo. Dante spiega che le anime destinate al purgatorio si radunano alla foce del Tevere, dove l'angelo le raccoglie con la sua barca. Poi spiega che, grazie al Giubileo proclamato da Bonifacio VIII la notte di Natale del 1299, il percorso verso la salvezza si è abbreviato per tutte le anime. E più avanti spiega che le anime che hanno subito la scomunica o che hanno tardato a pentirsi in punto di morte devono aspettare un certo periodo di tempo sulla spiaggia o nell'antipurgatorio prima di poter superare la porta ed entrare. Ma perché Casella abbia dovuto restare alla foce del Tevere per qualche mese, prima di essere accolto sulla barca, non viene spiegato – probabilmente si tratta di un'invenzione di Dante per poter arrivare alla montagna insieme all'amico.

▨ Nuovo intervento di Catone

Eravamo tutti attenti alla musica quando il vecchio Catone arrivò di corsa gridando: "Cos'è questa storia? Anime pigre, cosa fate lì ferme? Correte sulla montagna a liberarvi delle colpe che non vi permettono di vedere Dio!

> *Che è ciò, spiriti lenti?*
>
> *qual negligenza, quale stare è questo?*
> *Correte al monte a spogliarvi lo scoglio*
> *ch'esser non lascia a voi Dio manifesto".*

Come uno stormo di colombi, tutti intenti a mangiare, pacifici e tranquilli, se si spaventano abbandonano a un tratto il cibo e fuggono da tutte le parti, così quella schiera di anime abbandonò improvvisamente il canto e si mise a correre verso la montagna, in preda alla più grande confusione. E noi li seguimmo senza indugio.

I PERCHÉ DI DANTE

Perché Catone rimprovera le anime?

Le anime del purgatorio sono dominate da un solo desiderio – quello di arrivare in paradiso il più rapidamente possibile. Per questo, nel corso dell'ascesa, quasi tutte le anime chiederanno a Dante di pregare e di far pregare per loro. Quando incontra Casella, Dante cede per un attimo alla stanchezza, o alla nostalgia del passato, e chiede all'amico di cantare per lui. La dolcezza della musica è tale che tutti i presenti (Virgilio compreso) dimenticano il loro scopo e si fermano incantati ad ascoltare.

La scena ha un valore allegorico: l'arte, sembra voler dire Dante, può diventare un elemento negativo se, anziché spronarci al bene, diventa un puro intrattenimento, una distrazione fine a se stessa. Ma questo concetto, un po' moralistico, non è espresso apertamente, e l'episodio di Casella deve la sua poesia proprio all'atmosfera sospesa e incantata che lo caratterizza.

Catone l'Uticense

Marco Porcio Catone, detto "il Giovane" per distinguerlo da suo nonno Catone il Censore, detto "il Vecchio", nacque a Roma nel 95 a.C. Il soprannome "Uticense" deriva da Utica, la città sulla costa africana in cui morì nel 46 a.C.

Uomo politico di grande importanza, fu un accanito difensore della Repubblica in un momento in cui le istituzioni erano in crisi a causa delle continue guerre civili. Quando si scatenò il conflitto tra Cesare e Pompeo, Catone si schierò con i pompeiani e, dopo la vittoria di Cesare, si uccise squarciandosi il ventre con la propria spada in segno di protesta per la fine della libertà.

Marzia

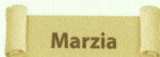

Moglie di Catone l'Uticense, è considerata da Dante (e non solo da lui) un simbolo dell'amore coniugale, ma fu al centro di una vicenda che per noi è quasi incredibile. Sposata da Catone quand'era molto giovane, ebbe da lui parecchi figli, ma a un certo punto il marito la "prestò" all'amico Ortensio, famoso oratore dell'epoca, perché quest'ultimo aveva sposato una donna sterile e non poteva avere figli. Marzia fu dunque moglie di Ortensio fino alla morte di costui e ne ebbe dei figli, poi tornò da Catone, che la riprese come se niente fosse accaduto. La sua storia non è affatto un caso unico: all'epoca, era infatti previsto (anche se non era molto comune) che un marito cedesse la moglie a un amico per permettergli di avere dei figli. Naturalmente il parere delle donne non veniva richiesto!

Casella

Di questo musicista sappiamo solo ciò che racconta Dante nel *Purgatorio*. Quasi sicuramente fiorentino, era amico del poeta e ne musicò la canzone *Amor che ne la mente mi ragiona* (e forse non solo questa). Da quello che racconta Dante, morì verso la fine del 1299 o all'inizio del 1300.

COMPRENSIONE

1 Verifica la comprensione del testo rispondendo alle seguenti domande.
- Dove si trova il purgatorio?
- In quale momento del giorno Dante e Virgilio arrivano in purgatorio?
- Chi è il custode del purgatorio?
- Che cosa fa Virgilio, prima di iniziare la nuova tappa del viaggio?

2 Chi era Casella?
- ☐ Un poeta amico di Dante
- ☐ Un musicista amico di Dante
- ☐ Un liutaio amico di Dante
- ☐ Un uomo politico amico di Dante

ANALISI

1 In quale occasione e perché Catone l'Uticense si è tolto la vita?
....
....

2 Come mai, pur essendo un suicida, si trova in purgatorio anziché all'inferno?
....
....

3 Spiega quali sono gli atteggiamenti di Catone nei confronti:
- di Dante
- di Virgilio
- delle altre anime

4 In che modo arrivano in purgatorio le anime?
....
....

5 Che cosa simboleggia il giunco con cui Virgilio cinge la vita di Dante?

....

....

6 Riassumi l'episodio di Casella, mettendo in luce:
- perché Dante gli chiede di cantare

....

- che cosa canta Casella e quali effetti ha il suo canto

....

- perché Catone rimprovera coloro che ascoltavano Casella

7 Come reagiscono le anime ai rimproveri di Catone? Perché?

....

....

LINGUA E STILE

1 Nei versi che abbiamo citato, il tema della dolcezza è ribadito più volte. Cerca le parole che lo esprimono e sottolineale.

2 Negli stessi versi, emerge la contrapposizione tra la luce (i colori) e il buio, che ovviamente rimanda alla contrapposizione tra inferno e purgatorio. Individua tutti gli aggettivi riferibili all'inferno e fanne un elenco.

3 Il capitolo si conclude con una similitudine. Individuala e spiega quali sono i due elementi messi a confronto dall'autore:
- primo elemento: ....
- secondo elemento: ....

12. Scomunicati e pigri

Rimorso di Virgilio

Mentre quelle anime si disperdevano, chi qua chi là, verso la montagna, io mi strinsi a Virgilio. E come avrei potuto continuare il viaggio senza di lui? Certo, però, che faticavo a tenergli dietro: la vergogna per l'errore commesso, la santa ira che provava per la propria debolezza, lo spingeva ad affrettare il passo, quasi a correre. Non riusciva a perdonarsi di aver ceduto alla tentazione di ascoltare un po' di musica, perdendo tempo, invece di guidarmi verso la cima della montagna.

Finalmente, quando Virgilio rallentò, riuscii a guardarmi un po' intorno. Eravamo ancora sulla spiaggia, e di fronte a noi si levava una montagna altissima, la cui cima mi restava invisibile; e i lati della montagna, molto scoscesi, erano interrotti da rientranze, che correvano tutt'intorno e le davano l'aspetto di una piramide a gradoni.

Andavamo con la montagna di fronte, il sole alle spalle – e all'improvviso fui colto dal terrore: davanti a noi c'era solo la mia

---

I PERCHÉ DI DANTE

Perché Virgilio si rattrista?

Nell'inferno Virgilio sa sempre cosa fare e conosce perfettamente la strada da prendere; in purgatorio invece appare spesso incerto, insicuro: non è nel suo ambiente. Forse a causa di questa insicurezza si sente particolarmente colpito dal rimprovero di Catone. Subito dopo, approfittando di un attimo di smarrimento di Dante, lo invita a riflettere sui limiti della ragione umana (di cui Virgilio stesso è il simbolo, come sappiamo) e si lascia cogliere da un moto di tristezza al pensiero della propria condizione: essendo stato pagano, Virgilio è condannato a restare nel Limbo per l'eternità, sospirando invano la vista di Dio. Se la ragione umana potesse arrivare a tutto, lui sarebbe infatti in paradiso.

ombra: che Virgilio mi avesse abbandonato? Mi girai di colpo. E lui: "Che cosa temi? Dubiti che sia qui con te a farti da guida? Il corpo con cui facevo ombra è sepolto a Napoli, dove adesso è sera. L'anima è fatta di una sostanza misteriosa, che lascia passare la luce come le sfere celesti su cui sono fissati i pianeti.

Forse ti chiedi com'è possibile che le anime, incorporee come sono, soffrano il caldo, il freddo e gli altri tormenti che hai visto nell'inferno... Ma questo è un mistero che la ragione umana non è in grado di penetrare: se la nostra intelligenza potesse capire tutto, non ci sarebbe stato bisogno della Rivelazione divina, né della nascita di Gesù, e i grandi filosofi e poeti dell'antichità non sarebbero confinati nel Limbo...", e qui chinò la fronte, tacque e rimase turbato.

Gli scomunicati

Intanto eravamo arrivati ai piedi della montagna. Se qualcuno percorresse tutta la Liguria, da Lerici a La Turbie, non troverebbe una frana, un vallone, una salita neanche lontanamente ripida e impraticabile quanto quella che ci trovammo di fronte Virgilio ed io.

"Chissà dov'è che questa montagna si presenta meno erta", disse il maestro arrestandosi, "sì che possa salire anche chi non è capace di volare?". E teneva la testa bassa, cercando nella propria mente la strada giusta.

Io, che invece avevo alzato lo sguardo per scrutare quelle rocce e trovare un passaggio, vidi sulla sinistra un gruppo di anime che sopraggiungeva.

"Guarda, maestro", dissi. "Ecco chi ci potrà dare un consiglio".

"Andiamogli incontro", rispose Virgilio rasserenato, "perché vengono avanti con una lentezza tale che sembrano ferme. E tu non perdere la speranza, figlio mio".

Quando fummo più vicini, quelle anime si radunarono intorno a noi, come un gregge di pecore appena uscito dall'ovile, che tutte seguono la prima, qualunque cosa faccia, senza sapere bene il perché, spinte dalla curiosità.

Come le pecorelle escon del chiuso
a una, a due, a tre, e l'altre stanno
timidette atterrando l'occhio e 'l muso;

e ciò che fa la prima, e l'altre fanno,
addossandosi a lei, s'ella s'arresta,
semplici e quete, e lo 'mperché non sanno;

sì vid' io muovere a venir la testa
di quella mandra fortunata allotta,
pudica in faccia e ne l'andare onesta.

Poi, appena si accorsero che il mio corpo proiettava per terra la sua ombra, si tirarono indietro, sempre senza sapere bene il perché.

"Sì", disse Virgilio, anticipando le loro domande, "costui è vivo. Ma sappiate che non è senza l'aiuto del Cielo che vogliamo salire questo monte".

"Allora dovete tornare sui vostri passi", dissero quelle anime, facendo cenno con le mani.

▪ Manfredi*

E una aggiunse: "Chiunque tu sia, mentre camminiamo, guardami bene: cerca di ricordare se nel mondo di là mi hai visto mai". Io mi volsi verso di lui e lo guardai fisso: era biondo, bello e di aspetto nobile, ma il volto era sfregiato da un taglio che gli attraversava uno degli occhi.

E un di loro incominciò: "Chiunque
tu se', così andando, volgi 'l viso:
pon mente se di là mi vedesti unque".

Io mi volsi ver' lui e guardail fiso:
biondo era e bello e di gentile aspetto,
ma l'un de' cigli un colpo avea diviso.

Dissi timidamente che non riuscivo a riconoscerlo.

"Guarda", disse allora lui, e mi mostrò una ferita sul petto. Poi sorridendo continuò: "Sono Manfredi, nipote dell'imperatrice Costanza d'Altavilla, e ti prego, quando tornerai nel mondo dei vivi, di andare da mia figlia, madre dei re di Sicilia e d'Aragona, e di raccontarle la verità sul mio destino.

> *Orribil furon li peccati miei;*
> *ma la bontà infinita ha sì gran braccia,*
> *che prende ciò che si rivolge a lei.*

I miei peccati sono stati orribili, e per questo sono stato scomunicato, cioè espulso dalla Chiesa; ma la bontà divina è talmente grande che accoglie chiunque si rivolga a lei: Dio perdona qualunque cosa, quando il pentimento è sincero. Se il vescovo di Cosenza, inviato contro di me dal papa Clemente IV*, avesse ben capito questo concetto, il mio corpo sarebbe ancora sepolto accanto al ponte di Benevento, sotto il suo monumento. Invece adesso le mie ossa sono disperse lungo un fiume, il Verde, dove lui le ha fatte gettare in gran segreto.

In verità, la scomunica della Chiesa non impedisce ai peccatori di riconquistare l'amore di Dio, finché sono in vita e possono pentirsi. Ma chi muore scomunicato, come me e come queste altre anime, è costretto a trascorrere su questa spiaggia, senza poter

---

I PERCHÉ DI DANTE

Perché le preghiere dei vivi aiutano i defunti?

All'inizio dell'inferno, attraverso le parole incise sulla porta famosa, Dio dichiara di essere nello stesso tempo potenza, saggezza e amore. La sua giustizia non è quindi rigida, perché una giustizia di questo tipo sarebbe contraria all'amore: ecco perché la sentenza che condanna le anime a trascorrere un certo periodo in purgatorio può essere abbreviata dalle preghiere dei vivi, purché queste siano sincere ed espresse da un cuore puro.

entrare nel purgatorio, un periodo di tempo pari a trenta volte quello della scomunica, a meno che...

A meno che questo periodo non sia reso più breve dalle preghiere dei vivi. Perciò, se puoi farmi questo piacere, rivela alla mia buona figlia Costanza* come mi hai visto, e anche questa regola: perché il suo aiuto può affrettare di molto la fine delle mie sofferenze".

▪ Dalla spiaggia all'antipurgatorio

Mentre Manfredi parlava, eravamo arrivati al punto in cui era possibile salire. Lasciammo dunque la schiera di anime scomunicate e incominciammo la faticosa scalata, che ci impegnava con le mani e coi piedi.

"Dove stiamo andando, maestro?", chiesi a un certo momento.

"Continuiamo a salire", rispose Virgilio: "prima o poi incontreremo qualcuno che ci darà indicazioni". E scalava.

"Maestro", ansimai senza fiato, "se non mi aspetti io rischio di restare indietro e di perderti".

"Arriva almeno fin qui", disse Virgilio fermandosi su un ciglione che era in realtà un sentiero su cui si poteva camminare quasi normalmente. E continuò a spronarmi con parole e con cenni, finché non fui seduto accanto a lui.

Intanto che riprendevo fiato, Virgilio mi spiegò che la salita sarebbe diventata sempre meno faticosa: all'inizio, la via del bene sembra difficile e impraticabile, ma a poco a poco, man mano che ci si libera dai peccati, ci si sente sempre più leggeri e si sale con minore difficoltà.

"Bada che prima di arrivare lassù", disse allora una voce ironica, interrompendo la spiegazione di Virgilio, "avrai sicuramente bisogno di riposarti ancora!".

Belacqua*

La voce veniva da dietro un masso che c'era sulla nostra sinistra. Ci avvicinammo e trovammo delle persone, sedute all'ombra del masso stesso, con l'aria di chi non ha niente di importante da fare. E una di loro teneva le gambe rannicchiate e la faccia nascosta tra le ginocchia.

"Guarda, maestro", dissi, "sembra l'immagine stessa della pigrizia!".

L'anima alzò la testa e disse: "Vai, vai pure, tu che sei bravo!". Allora lo riconobbi e, benché fossi stanco, lo raggiunsi. "Hai capito bene quello che ti spiegava il maestro?", scherzava ancora lui.

Mi venne da ridere e dissi: "Belacqua, amico mio, come sono contento di trovarti qui. Ma perché te ne stai fermo? Aspetti qualcuno o hai ripreso le vecchie abitudini di quand'eri in vita?".

E lui: "A cosa serve salire? L'angelo di Dio non mi lascerebbe superare la porta del purgatorio, perché ho aspettato di essere in fin di vita per pentirmi della mia pigrizia, e adesso devo restare in attesa qui fuori. A meno che le preghiere... ma scommetto che lo sai già, non farmi sprecare parole inutilmente".

"Andiamo", intervenne Virgilio, troncando il nostro colloquio.

Mi stavo allontanando quando un'altra anima gridò: "Guardate, quello di sinistra fa ombra, sembra vivo!".

I PERCHÉ DI DANTE

Perché Virgilio rimprovera la curiosità di Dante?

Già sappiamo che Dante distingue una curiosità positiva, che ci spinge ad approfondire i problemi per capire a fondo le cose, e una curiosità negativa, fine a se stessa, che si risolve in una semplice perdita di tempo. In questo caso, la curiosità di Dante è mescolata a un certo compiacimento, al piacere di trovarsi al centro dell'attenzione, alla consapevolezza di rappresentare, in mezzo a tutte quelle anime, un'eccezione interessante, in quanto unico essere ancora vivo. Giustamente, perciò, Virgilio interviene a rimproverare l'allievo, invitandolo a lasciar perdere ogni sentimento di orgoglio e ad assumere un atteggiamento umile e penitente.

Io mi girai, quasi compiaciuto per il fatto che tutte si rivolgevano verso di me. E il maestro: "Perché ti distrai? Cosa ti importa di quello che si dice qui? Seguimi e lascia questa gente alle sue chiacchiere".

Cosa potevo rispondere se non "Eccomi?". Lo feci, arrossendo per la vergogna e guadagnandomi così l'immediato perdono di Virgilio.

Che potea io ridir, se non "Io vegno"?
Dissilo, alquanto del color consperso
che fa l'uom di perdon talvolta degno.

La Pia

Ma ecco che un'altro gruppo di anime ci veniva incontro. Quando si accorsero che ero vivo, due si precipitarono correndo verso di noi, interrogandoci, e poi tornarono di corsa dai loro compagni con la risposta di Virgilio: ero vivo, e sarei tornato nel mondo, per cui chi voleva poteva parlarmi.

Tutte ci corsero incontro e Virgilio mi avvertì: "Queste anime sono molte. Perciò parla e ascolta, ma senza smettere di camminare".

Anche quelle anime avevano aspettato l'ultimo momento per pentirsi, ed erano quindi costrette ad aspettare prima di poter entrare nel purgatorio: ma erano morte di morte violenta, e forse per questo erano tanto agitate, inquiete, quasi aggressive, rispetto a quelle degli scomunicati come Manfredi e a quelle dei pigri come Belacqua.

La prima che riuscì a parlarmi era l'anima di Iacopo del Cassero, un uomo politico ucciso a tradimento da un Estense suo nemico. La seconda era l'anima di Buonconte da Montefeltro, uno dei capi ghibellini, morto durante la battaglia di Campaldino a cui io stesso presi parte quand'ero giovane. La terza era l'anima di una donna, la prima che vedevo nel purgatorio, e la prima ad accorgersi che ero stanco.

> *"Deh, quando tu sarai tornato al mondo*
> *e riposato de la lunga via",*
> *seguitò 'l terzo spirito al secondo,*

> *"ricorditi di me, che son la Pia;*
> *Siena mi fé, disfecemi Maremma:*
> *salsi colui che 'nnanellata pria*

> *disposando m'avea con la sua gemma".*

"Ti prego", mi disse prendendo la parola dopo Buonconte, "quando sarai tornato nel mondo dei vivi, e ti sarai riposato del lungo viaggio, ricordati di me. Sono Pia de' Tolomei*, nata a Siena, morta in Maremma. Lo sa bene, come sono morta, mio marito, che mi ha uccisa dopo che mi aveva dato il suo anello come pegno di amore, quando ci eravamo sposati".

Manfredi

Nato nel 1232, Manfredi era figlio naturale (cioè illegittimo, avuto da un'amante e non dalla moglie) dell'imperatore Federico II di Svevia (vedi pag. 65). Alla morte del padre (1250) il regno passò all'erede legittimo Corrado IV, ma costui morì poco dopo, lasciando solo un bambino di due anni (Corradino). Manfredi approfittò dell'occasione per rivendicare il trono e si fece proclamare re di Sicilia. Mentre il papa, tutore di Corradino, scomunicava l'usurpatore, Manfredi si metteva a capo dei ghibellini di tutta Italia: la guerra era inevitabile. Il papa si alleò con i francesi Angioini e Manfredi fu sconfitto nella battaglia di Benevento (1266), dove morì, a soli trentaquattro anni. Con lui svanivano le speranze dei ghibellini, ma anche quelle della casata di Svevia: Corradino, infatti, finirà decapitato proprio dagli Angioini nel 1268, a sedici anni.

Clemente IV

Di origine francese, fu papa dal 1265 al 1268 e lottò con successo contro gli Svevi (prima Manfredi e poi Corradino), alleandosi con gli Angioini. Fu lui a scomunicare Manfredi e a ordinare che, dopo la sua morte, le sue spoglie fossero gettate fuori dai confini dello Stato della Chiesa, di notte e al buio, "come si conveniva ad un eretico".

Costanza d'Aragona

Figlia di Manfredi, nacque nel 1249 e andò sposa a Pietro III, erede del trono d'Aragona (in Spagna). Nel 1282 la Sicilia si ribellò ai francesi Angioini, che avevano conquistato l'isola e l'Italia meridionale combattendo contro Manfredi e Corradino di Svevia, e finì sotto il governo degli Aragonesi. Per questo, parlando di lei, suo padre la chiama "madre dei re di Sicilia e d'Aragona". Morì nel 1302.

Belacqua

Di questo personaggio sappiamo pochissimo. Dai versi di Dante si capisce che doveva essere un amico del poeta, probabilmente fiorentino. Da altri documenti possiamo ipotizzare che fosse un liutaio, famoso per la sua indolenza (da cui il soprannome, che significa appunto "pigrone").

Pia de' Tolomei

La donna che Dante incontra fra i morti violentemente che si sono pentiti dei loro peccati solo in fin di vita è una nobile senese, uccisa dal marito, che ha tradito in questo modo la promessa di fedeltà simboleggiata dallo scambio degli anelli nuziali. Secondo gli studiosi, il marito era Nello dei Pannocchieschi, un importante signore maremmano. Sembra che Pia sia stata uccisa (gettata da una finestra) nel 1297, forse perché il marito aveva scoperto una sua infedeltà, forse perché voleva liberarsi di lei per sposare un'altra donna.

ATTIVITÀ

COMPRENSIONE

1 **Sulla spiaggia del purgatorio, Dante e Virgilio incontrano:**
- ☐ Catone, le anime appena giunte e gli scomunicati
- ☐ Catone, i pigri e gli scomunicati
- ☐ Catone, l'angelo nocchiero e le anime appena giunte
- ☐ Catone e coloro che si sono pentiti in fin di vita

2 **Spiega rapidamente chi era Manfredi e perché dovrà aspettare molti anni prima di entrare in purgatorio.**
....
....

3 **Pia de' Tolomei è morta:**
- ☐ per ragioni politiche
- ☐ per ragioni religiose
- ☐ per mano del marito
- ☐ per mano di Manfredi

ANALISI

1 **Per quale ragione Virgilio è turbato dal rimprovero di Catone? Cos'avrebbe dovuto fare e non ha fatto?**
....

2 **Virgilio simboleggia la ragione umana, ma è consapevole che la ragione stessa ha dei limiti. Fai qualche esempio dei limiti che, secondo Dante, la ragione non può oltrepassare.**
....

3 **Che cosa vuol dire essere scomunicati?**
- ☐ Non essere battezzati
- ☐ Essere condannati come eretici
- ☐ Non aver fatto la prima Comunione
- ☐ Essere esclusi dalla vita della Chiesa

ATTIVITÀ

4 Riassumi nella seguente tabella le caratteristiche di Manfredi.

Aspetto fisico	
Azione politica	
Luogo e cause della morte	
Destino del corpo dopo la morte	
Destino dell'anima dopo la morte	

5 Perché Manfredi parla con Dante di sua figlia Costanza?

6 Belacqua interviene interrompendo un discorso fra Dante e Virgilio. Il tono delle sue parole è:
- ☐ solenne
- ☐ ironico
- ☐ volgare
- ☐ commovente

7 Pia de' Tolomei interviene raccontando la sua storia terribile dopo altri due personaggi.
Chi sono questi due? Che cos'hanno in comune con Pia? Com'è il tono delle parole di Pia?

LINGUA E STILE

1 Rileggi attentamente i primi versi che abbiamo citato in questo capitolo. Essi contengono:
- ☐ una metafora
- ☐ una similitudine
- ☐ un'allegoria
- ☐ un'anafora

2 Scrivi la parafrasi (versione in prosa) dei versi seguenti (l'esercizio è avviato).

Che potea io ridir, se non "Io vegno"? *Dissilo, alquanto del color consperso* *che fa l'uom di perdon talvolta degno.*	*Che cosa potevo rispondere se* *non "Vengo"? Lo dissi, ...* *...*

132

13. Riflessioni politiche: da Sordello a Marco Lombardo

▨ L'incontro con Sordello*

Mentre altre anime cercavano di raccontarmi la loro storia, Virgilio ed io ci allontanammo e incontrammo un'anima solitaria, seduta con grande dignità, a cui Virgilio chiese indicazioni per proseguire il cammino.

"Chi siete?", ci domandò prima di rispondere.

"Io sono", cominciava Virgilio, "il mantovano...".

"Mantovano? Anch'io sono di Mantova! Mi chiamo Sordello!". E smesso l'atteggiamento dignitoso e riservato si precipitò ad abbracciare il suo concittadino.

Ah, povera Italia, mi venne da pensare allora, sei proprio come una nave senza pilota in mezzo alla tempesta, tu che dovresti dominare sugli altri paesi, e invece sei ridotta a un... casino!

Ahi serva Italia, di dolore ostello,
nave sanza nocchiere in gran tempesta,
non donna di province, ma bordello!

Ecco come dovrebbero andare le cose: questi due estranei, qui in purgatorio, si abbracciano solo perché hanno scoperto di essere nati nella stessa città, e invece sulla terra, ridotta a un nido di vipere, neppure i parenti riescono a stare senza combattersi! E l'imperatore, che invece di intervenire a fare il suo dovere, se ne sta in Germania e trascura la parte migliore del suo regno!

Ma le mie riflessioni furono interrotte da Sordello, che aveva riconosciuto Virgilio e, pieno di ammirazione per il grande poeta antico, si offriva di guidarci a una valletta lì vicino: il sole infatti stava ormai calando e di notte, in purgatorio, non è possibile salire neanche di un passo. Seguimmo Sordello nella valletta, dove (ci spiegò) si trovano gli uomini politici che hanno trascurato di compiere il loro dovere, hanno approfittato della loro posizione solo per dedicarsi al proprio piacere e hanno lasciato il regno nelle mani di eredi inetti o corrotti. Avevo ben ragione, pensai guardando quelle anime, a compiangere il destino dell'Italia.

La prima notte in purgatorio

Era già l'ora che volge il disio
ai navicanti e 'ntenerisce il core
lo dì c'han detto ai dolci amici addio;

e che lo novo peregrin d'amore
punge, se ode squilla di lontano
che paia il giorno pianger che si more;

Era il momento del tramonto, quello in cui i marinai ripensano alla patria e si sentono invasi dalla nostalgia ricordando il giorno della partenza; e in cui gli innamorati si commuovono sentendo una campana che suona in lontananza e sembra salutare il giorno che finisce.

E fu proprio in questo momento che assistetti a una strana scena: nella valletta erano infatti giunti, come se montassero la guardia, due angeli armati di spada; quando un serpente, strisciando fra l'erba, tentò di avvicinarsi alle anime immobilizzate dalla paura, gli angeli scattarono e lo misero in fuga.

Stanco di tante emozioni, mi addormentai. Nell'inferno non avevo mai sentito il bisogno di dormire, sia perché non essendoci il sole non percepivo il passaggio dal giorno alla notte, sia perché la paura e la violenza che mi circondavano mi tenevano sveglio. Ma qui il sonno mi vinse irresistibilmente.

E dormendo feci anche un sogno: mi parve di vedere nel cielo un'aquila con le penne d'oro, pronta a scendere in picchiata e a rapirmi, come era stato rapito Ganimede* da Giove, nel mito antico, quando il dio si era innamorato di lui. Mi svegliai di colpo, un po' spaventato – non ero più nella valletta, Sordello era scomparso, il sole era già alto, mi trovavo con Virgilio davanti a una porta custodita da un angelo armato di spada.

La porta del purgatorio

La porta aveva tre gradini, di colori diversi, bianco il primo, nero il secondo e rosso sangue il terzo; l'angelo se ne stava immobile sulla soglia, aspettando che ci avvicinassimo. Seguendo le istruzioni di Virgilio, mi buttai ai piedi dell'angelo e lo pregai di aprirmi la porta. Lui impugnò la spada e mi incise sette P sulla fronte, una per ciascuno dei sette peccati capitali che avrei incontrato salendo la montagna. Poi prese due chiavi, una d'oro e una d'argento, e con esse aprì la porta.

"Entrate", disse con aria severa. "Ma badate bene: chi si guarda alle spalle, torna fuori per sempre".

Noi entrammo, accompagnati da un coro forte e dolce che cantava le lodi di Dio.

I PERCHÉ DI DANTE

Perché entrando nel purgatorio è proibito guardarsi alle spalle?

Le anime che entrano in purgatorio, al contrario di quelle che finiscono all'inferno, non sono collocate in un luogo preciso, ma percorrono le sette cornici, restando in ciascuna di esse il tempo necessario a espiare il peccato che viene lì punito. Esse compiono quindi un percorso verso la perfezione, e guardarsi indietro sarebbe un rimpiangere il male che si è superato e che bisogna dimenticare una volta per tutte. Questa "regola" è stata sicuramente ispirata a Dante da un famoso episodio biblico, quello di Sodoma e Gomorra, le due città piene di peccatori distrutte da Dio mediante una pioggia di fuoco. Lot e la sua famiglia furono i soli a potersi allontanare incolumi, con l'ordine di non voltarsi, mentre le fiamme cadevano sulle città; ma la moglie di Lot fu vinta dalla curiosità, si voltò e venne trasformata in una statua di sale.

I superbi

Come ho già detto, le anime del purgatorio si trovano distribuite in sette cornici o balze, dove espiano i sette peccati capitali, cioè le colpe più gravi, quelle che sono all'origine di tutte le altre.

La prima cornice è dedicata all'espiazione della superbia. Seguendo Virgilio, io vi arrivai attraverso un sentiero ripido e stretto e la mia attenzione fu attratta innanzitutto da una serie di figure meravigliose, incise nella roccia della montagna con la tecnica del bassorilievo. La prima figura rappresentava Maria nel momento in cui l'angelo le annunciava la futura nascita di Gesù; la seconda rappresentava il re David che danzava davanti all'Arca dell'Alleanza fra gli Ebrei e Dio; la terza rappresentava l'imperatore romano Traiano, che scendeva da cavallo, rimandando la partenza per la guerra per rendere giustizia a una povera vedova a cui era stato ucciso il figlio.

Quei bassorilievi erano più belli di qualunque opera d'arte umana, tanto che le figure sembravano parlare ed esprimevano stati d'animo e pensieri ed emozioni; e io capii che rappresentavano esempi di umiltà, la virtù opposta alla superbia, e servivano a predisporre le anime alla penitenza.

Io contemplavo ammirato quei capolavori, quando vidi arrivare una schiera di anime, cantando il *Padre nostro*: oh, quanto ne rimasi impressionato, prevedendo che anch'io, un giorno, sarei stato fra loro! Quei disgraziati sono costretti a camminare (come a volte capita nei sogni) sotto enormi massi, che li schiacciano a terra, li comprimono e li deformano, loro che un tempo procedevano sempre orgogliosi e a testa alta.

Oderisi da Gubbio*

Chiedemmo dove si poteva salire, e una di quelle anime ci invitò a seguirle, e intanto si presentò: era Omberto Aldobrandesco, un potente signore della Maremma che aveva a lungo lottato contro Siena e alla fine era stato ucciso da alcuni sicari, che l'avevano soffocato o forse pugnalato nel letto.

Mentre costui parlava, mi parve di riconoscere un'altra anima (era difficile scorgerne i visi, così chinati sotto al peso spaventevole che recavano sulle spalle): "Non sei Oderisi", dissi, "l'onore di Gubbio, il maestro di quell'arte che a Parigi chiamano alluminare e che consiste nell'illustrare con disegni le pagine dei manoscritti?".

"Amico mio", rispose lui umilmente, "le pagine di Franco Bolognese sono più belle delle mie. È una sciocca vanità quella che ci spinge a voler primeggiare a tutti i costi nel nostro campo. Un tempo Cimabue si considerava il re dei pittori, e adesso è diventato di moda Giotto* e la fama di Cimabue va calando; così, in letteratura, Guido Cavalcanti ha superato Guido Guinizzelli*, e forse è già nato chi supererà sia l'uno che l'altro.

> *Credette Cimabue ne la pittura*
> *tener lo campo, e ora ha Giotto il grido,*
> *sì che la fama di colui è scura.*

> *Così ha tolto l'uno a l'altro Guido*
> *la gloria de la lingua; e forse è nato*
> *chi l'uno e l'altro caccerà del nido.*

La gloria mondana non è altro che un fiato di vento, che soffia ora da una parte, ora dall'altra: tra mille anni, nessuno si ricorderà più di niente – e mille anni sono meno di un sospiro, in confronto all'eternità. Certo, quand'ero vivo non avrei parlato così, e meno male che in punto di morte mi sono pentito della mia superbia, se no...".

Mi ero chinato per ascoltarlo, sì che procedevamo affiancati, come due buoi sotto il giogo. Ma a un certo momento Virgilio mi chiamò, perché eravamo arrivati al punto in cui si poteva salire. E mentre camminavamo, Virgilio mi fece notare che sotto i nostri piedi erano disegnati esempi di superbia punita: Lucifero che si ribella a Dio e viene scagliato nel profondo dell'inferno; Nembrot che inizia la costruzione della torre di Babele e provoca la confusione delle lingue in tutto il mondo; Niobe, che si vanta di essere più felice degli dei e viene punita con la morte di tutti i suoi figli.

Un angelo, nel momento in cui salivamo dalla prima alla seconda cornice, mi cancellò una delle sette P che avevo sulla fronte. E io mi accorsi che il mio passo si faceva più leggero, come se un peso mi fosse stato tolto dalle spalle.

L'invidiosa Sapìa*

Salendo alla seconda cornice, sentii nell'aria delle voci che gridavano; la prima diceva: "Non hanno vino", le parole con cui la Madonna ha invitato Gesù a compiere il primo miracolo, quello delle nozze di Cana; la seconda "Io sono Oreste", e la voce era quella di Pilade, l'amico fraterno di Oreste, che voleva essere condannato al posto suo; la terza gridava: "Amate coloro che vi fanno il male" e altre frasi del Discorso della Montagna di Gesù.

"In questa cornice sono puniti gli invidiosi", mi spiegò Virgilio, "per cui queste voci rappresentano esempi di carità, cioè di amore disinteressato per il prossimo, la virtù opposta al peccato dell'invidia".

Quando vidi le anime e la loro pena, fui colto da un'immensa pietà: esse erano infatti sedute, vestite di un rozzo tessuto e con

I PERCHÉ DI DANTE
Perché all'ingresso e all'uscita di ogni cornice ci sono "storie esemplari"?
Il percorso di purificazione delle anime passa anche attraverso la riflessione interiore: quando arrivano in una cornice, esse vedono o sentono esempi della virtù contraria al peccato che stanno per espiare, in maniera da poter mettere a confronto il loro comportamento in vita con quello che avrebbero dovuto tenere. Quando hanno ormai espiato la colpa e si allontanano, sentono o vedono esempi della stessa colpa punita, che servono a rafforzare in loro l'odio per il peccato.
Dante mescola sempre esempi tratti dalla storia sacra (l'*Antico* o il *Nuovo Testamento*) ed esempi tratti dalla mitologia classica: per lui, infatti, i miti pagani racchiudono verità che si possono interpretare anche in chiave cristiana.

gli occhi cuciti con filo di ferro. Però si sostenevano gentilmente l'una con l'altra, al contrario di quanto probabilmente avrebbero fatto in vita.

Passare, io che ci vedevo, davanti a loro che erano accecate, mi metteva in imbarazzo. Lo feci capire a Virgilio e lui mi disse: "Parla, ma sii breve e conciso".

"O anime ormai sicure di vedere un giorno la luce di Dio", dissi allora, "se c'è qualcuna che parla la mia lingua, si faccia riconoscere".

Una voce si fece sentire poco più avanti: "Io ero una donna senese", disse. "E benché mi chiamassi Sapìa, non fui affatto savia, dato che mi rallegravo delle disgrazie altrui più che della mia fortuna. Quand'ero già piuttosto anziana, i miei concittadini combatterono contro i fiorentini a Colle Valdelsa e io pregai Dio che fossero sconfitti, come in effetti accadde. Mi sentii così sicura di me, allora, che sfidai Dio stesso, e solo in punto di morte mi rappacificai con Lui".

Riflessioni sull'invidia

Il caso di Sapìa non era affatto isolato: altre anime mi parlarono e mi fecero capire come l'invidia sia spesso all'origine delle lotte che travagliano le varie città e regioni italiane, e in particolare la Romagna, dove i comuni e le signorie si distruggono a vicenda, dimenticando o trascurando il fatto che in questo modo fanno il proprio danno. Del resto, già Ciacco, all'inizio dell'inferno, mi aveva spiegato che i guai di Firenze derivavano da "superbia, invidia e avarizia"...

Mentre mi allontanavo, riflettevo che l'invidia è, fra tutti i peccati, quello a me più estraneo. E pensavo anche che, laddove gli altri peccati procurano a chi li commette un piacere, sia pure momentaneo e falso, l'invidioso invece soffre della sua cattiveria, è consumato dall'odio per coloro che reputa più fortunati di lui.

Altre voci sentimmo nell'aria lasciando la seconda cornice: erano esempi di invidia punita e riconobbi le parole di Caino dopo che aveva ucciso il fratello Abele*, e quelle di Aglauro*, tramutata in sasso per aver impedito l'amore fra sua sorella e il dio Mercurio. Erano parole gridate con tale violenza che ebbi un momento di paura, e mi strinsi a Virgilio perché mi confortasse. Ma ancora di più dovetti stringermi a lui appena arrivati nella terza cornice, quella di coloro che hanno ceduto all'ira.

▣ Gli iracondi

In questo caso, gli esempi della virtù opposta, la mansuetudine, mi giunsero come una visione, o un sogno: e mi parve di vedere la Madonna che rimproverava dolcemente Gesù dodicenne, che si era allontanato da casa per parlare con i maestri del Tempio; e il tiranno ateniese Pisistrato*, che perdonava gli atteggiamenti troppo focosi al giovane innamorato di sua figlia, anziché punirlo come avrebbe potuto.

"È un pezzo che ti fai trascinare come se fossi mezzo ubriaco!", scherzò Virgilio quando mi riebbi dalla visione e tornai cosciente. Poi si fece serio, perché eravamo entrati in un fumo talmente fitto che ci accecava completamente e ci faceva lacrimare gli occhi. "Attaccati al mio braccio, e bada di non perdermi, perché non ci ritroveremmo più", disse il maestro.

I PERCHÉ DI DANTE

Perché gli invidiosi hanno le palpebre cucite con filo di ferro?

Le pene del purgatorio, come quelle dell'inferno, si basano sulla legge del contrappasso. L'invidia è un peccato legato alla vista: la parola "invidia" deriva infatti dal latino *in-vidēre*, cioè guardar male: l'invidioso è colui che osserva il successo e la felicità altrui con sguardo bieco, carico di rancore e di odio. Ecco perché, nel purgatorio, le anime degli invidiosi sono così crudelmente accecate.

Allo stesso modo, per esempio, nella terza cornice, gli iracondi, che nella vita si sono lasciati ottenebrare dalla rabbia, hanno perduto il lume della ragione, sono costretti a vagare in mezzo a un fumo densissimo, che impedisce loro di orientarsi.

Mi sembrava di essere tornato nell'inferno, o di camminare in una notte senza luna e senza stelle. Ma all'improvviso sentii una voce: "Chi sei tu che passi attraverso questo fumo e che parli come se fossi ancora vivo?".

Risposi, gli chiesi se stavamo andando nella direzione giusta e lo pregai di farci da guida. Lui si affiancò a noi e mi disse che era Marco Lombardo, un uomo politico della generazione di mio padre, e incominciò a parlarmi dei suoi tempi e del fatto che tutto andava peggiorando, che il mondo tralignava, che gli uomini non avevano più nessun rispetto per i valori morali, eccetera, eccetera.

▪ Il papato e l'impero

"Tu dici bene", risposi, "ma spiegami un po' perché, secondo te, le cose vanno peggiorando in questo modo".

"Vedi", mi disse lui, "spesso noi uomini diamo la colpa al destino, alle stelle. Ma la verità è che noi siamo stati dotati da Dio di libero arbitrio, cioè della capacità di distinguere il bene e il male e di scegliere di conseguenza. Quindi la responsabilità delle nostre azioni è tutta in noi.

Certo, noi uomini siamo deboli, tendiamo a scegliere un bene facile, a portata di mano, per quanto illusorio, anziché impegnarci per raggiungere un bene più alto e più duraturo, ma lontano. Proprio per questo Dio, nella sua infinita bontà, ci aveva garantito due guide: l'imperatore, con le sue leggi, per aiutarci a raggiungere la felicità sulla terra; e il papa, con la sua Chiesa, per aiutarci a raggiungere la beatitudine dopo la morte. E finché queste due guide sono rimaste indipendenti l'una dall'altra, tutto è andato bene; purtroppo però da qualche tempo il papa ha la pretesa di dominare sull'imperatore, ed ecco l'origine di tutti i mali: la confusione tra il potere spirituale e il potere temporale.

Ma vedi che ormai stiamo per uscire dal fumo, si intravede un po' di luce: devo lasciarvi, non posso farmi vedere dall'angelo che c'è là.

Vedi l'albor che per lo fummo raia
già biancheggiare, e me convien partirmi
(l'angelo è ivi) prima ch'io li paia".

Con queste parole si allontanò senza più darmi retta e noi tornammo alla luce. Io ebbi altre visioni, con esempi di ira punita, poi salimmo alla quarta cornice.

Così tornò, e più non volle dirmi.

I PERCHÉ DI DANTE

Perché Marco Lombardo parla delle stelle?

Ai tempi di Dante, l'astrologia era considerata una scienza: si riteneva per esempio che i nati sotto il segno dei Gemelli (come Dante) fossero particolarmente dotati per la poesia; o che l'arrivo di una cometa fosse un annuncio di grandi cambiamenti, per lo più negativi; e così via.

Oggi sappiamo che queste sono sciocchezze e che l'astrologia, gli oroscopi, ecc. non hanno alcun valore scientifico. Ma anche Dante attribuisce alle "stelle" (cioè all'influsso dei corpi celesti) un'importanza molto relativa. All'inizio del suo discorso, Marco Lombardo spiega infatti a Dante che la nostra vita è condizionata solo in piccola parte dalle stelle, ma che noi siamo responsabili delle nostre scelte, perché Dio ci ha dato il libero arbitrio, cioè la capacità di distinguere, grazie alla ragione, il bene e il male. Non possiamo quindi accusare il destino, o gli astri, se il mondo va male: la colpa è solo nostra.

Sordello

Sordello da Goito (nei pressi di Mantova) nacque all'inizio del XIII secolo e morì nel 1269. Fu uno dei più importanti poeti del suo tempo in lingua d'oc, cioè in provenzale. Di lui ci restano 42 poesie di argomento amoroso e politico, la più famosa delle quali è il *Compianto in morte di ser Blacatz*, elogio funebre di un signore provenzale.

Ganimede

Personaggio della mitologia greca, famoso per la sua bellezza. Zeus, signore degli dei, si innamorò di lui e, trasformatosi in aquila, lo rapì mentre pascolava le greggi, portandolo sull'Olimpo. Qui Ganimede svolge le funzioni di coppiere degli dei.

Oderisi da Gubbio

Nato a Gubbio, in Umbria, intorno al 1240, divenne famosissimo per le sue miniature in stile romanico (nessuna opera da lui firmata ci è però giunta: alcuni libri gli sono stati attribuiti dagli studiosi). Ai tempi di Dante la sua arte era ormai considerata superata, poiché si era affermato il nuovo stile, gotico, interpretato da Franco Bolognese. Morì a Roma nel 1299.

Cimabue e Giotto

Cimabue nacque nel 1240 circa e morì nel 1302, è quindi contemporaneo di Oderisi da Gubbio e di Guido Guinizzelli; Giotto nacque nel 1367 e morì nel 1437, è quindi contemporaneo di Franco Bolognese e di Dante. Furono i massimi pittori del tempo e il confronto tra le loro opere era favorito dal fatto che entrambi erano fiorentini ed entrambi lavorarono ad Assisi, per decorare la Basilica di san Francesco.

Secondo la leggenda, Giotto fu scoperto da Cimabue mentre accudiva le pecore e le disegnava per passatempo; probabilmente è vero che l'artista più giovane frequentò la bottega del più anziano. Rispetto a Cimabue, però, l'arte di Giotto si presenta come profondamente rivoluzionaria.

Guido Guinizzelli e Guido Cavalcanti

Guido Guinizzelli (bolognese, nato nel 1235 e morto nel 1276) è considerato l'iniziatore del dolce stil novo, cioè della scuola poetica a cui Dante aderì in gioventù. Guido Cavalcanti (fiorentino, nato nel 1258 e morto nel 1300), figlio di Cavalcante Cavalcanti (vedi pag. 55), è considerato il più grande poeta italiano prima di Dante. La sua opera è caratterizzata da una visione fortemente drammatica dell'amore, fonte di infelicità e di sofferenza.

Sapìa

Nata nel 1210 circa e morta nel 1278 circa, era una nobildonna senese, appartenente alla celebre famiglia dei Salvani. Suo nipote Provenzano Salvani, capo ghibellino, morì nella battaglia di Colle Valdelsa di cui Sapìa parla con Dante. Il suo carattere invidioso nasceva forse proprio dall'odio per il nipote, ma dai documenti risulta che Sapìa fu una donna generosa, fondatrice di ospizi e ospedali.

Caino e Abele

Personaggi della *Bibbia*, figli di Adamo ed Eva. Caino era agricoltore, Abele pastore: i doni di quest'ultimo erano più graditi a Dio, per cui Caino maturò un sentimento di odio nei confronti del fratello e lo uccise. Dio però pose sulla fronte di Caino un segno e ordinò che nessuno gli facesse del male.

Aglauro

Secondo la versione del mito classico raccontata da Ovidio (e letta da Dante), Aglauro era stata amata e poi abbandonata dal dio della guerra Ares (Marte); quando un altro dio, Hermes (Mercurio), si innamorò di sua sorella Erse, questa chiese ad Aglauro il consenso alle nozze, e lei per invidia glielo rifiutò. Hermes per punirla la trasformò in sasso.

Pisistrato

Vissuto nel VI secolo a.C., fu un celebre tiranno di Atene. La sua politica fu favorevole alle classi popolari (che lo sostenevano) e contraria agli interessi delle classi abbienti (che riuscirono a esiliarlo, ma solo momentaneamente). Alla sua morte, il potere passò ai figli Ippia e Ipparco, che però vennero cacciati pochi anni dopo.

COMPRENSIONE

1 **Dante e Virgilio incontrano Sordello:**
- ☐ sulla spiaggia del purgatorio
- ☐ nell'antipurgatorio
- ☐ sulla porta del purgatorio
- ☐ nella prima cornice

2 **In che modo Dante arriva fino alla porta del purgatorio?**

3 **Le P che l'angelo traccia sulla fronte di Dante significano:**
- ☐ peccato
- ☐ pentiti!
- ☐ purgatorio
- ☐ porta

ANALISI

1 **Completa la seguente tabella, individuando i quattro episodi più importanti del capitolo e le loro caratteristiche.**

Episodio	Personaggio protagonista	Temi affrontati
1	Sordello	La situazione politica italiana, i conflitti tra concittadini, il disinteresse dell'imperatore
2	Oderisi da Gubbio	....
3	....	....
4	....	....

ATTIVITÀ

2 Chi era Sordello? Che cosa gli dice Virgilio? Per quale ragione lui lo interrompe?

3 Chi era Oderisi da Gubbio? In quale gruppo di anime si trova?

4 Le sue parole esprimono soprattutto un sentimento di:
- ☐ umiltà
- ☐ amore
- ☐ orgoglio
- ☐ invidia

Motiva la tua risposta.

5 In che cosa consiste il peccato di Sapìa? Perché, secondo Dante, questo peccato ha una grande importanza politica?

6 Che cosa dice Marco Lombardo, parlando della libertà?
- ☐ Che l'uomo è dotato di libero arbitrio
- ☐ Che l'uomo è condizionato dalle stelle
- ☐ Che l'astrologia è una sciocchezza
- ☐ Che la mancanza di libertà è colpa dei politici

7 Che cosa pensa Dante dei rapporti fra il papato e l'impero?

8 Tra superbia, invidia e ira, qual è il peccato più grave? Quale il meno grave? Su quale riflessione ti sei basato per rispondere?

LINGUA E STILE

1 Rileggi attentamente i versi di pag. 137.

A chi si riferisce la parola "colui" nel terzo verso?
- ☐ A Giotto
- ☐ A Cimabue
- ☐ Né all'uno né all'altro

14. Chiacchiere tra poeti

Spiegazioni di Virgilio

Di nuovo il sole stava calando e Virgilio mi fece sedere accanto a sé per passare la notte.

"Intanto che aspettiamo la nuova alba", disse, "ti spiego il criterio in base al quale sono disposte le anime del purgatorio.

Già sai che sulla spiaggia di quest'isola si trovano le anime di coloro che sono stati scomunicati. E che nell'antipurgatorio, cioè prima della porta difesa dall'angelo con la spada, si trovano le anime dei pigri, dei negligenti, di coloro che hanno aspettato a pentirsi l'ultimo momento".

Mentre Virgilio parlava, parlava, parlava, io mi passai la mano sulla fronte: delle sette P incisemi dall'angelo ne restavano ormai solo quattro.

"Nelle prime tre cornici, si trovano puniti i peccati dovuti a sentimenti negativi nei confronti del prossimo: la superbia, l'invidia e l'ira nascono infatti da un eccessivo amore di sé, che ci spinge a non amare gli altri.

In questa quarta cornice si trovano gli accidiosi, cioè coloro che hanno amato troppo poco il bene. Nelle ultime tre cornici troverai invece coloro che hanno amato troppo i beni terreni, a scapito di quelli spirituali. E devi anche sapere che...".

Sogno di Dante

Sarà stata la stanchezza, sarà stato il lungo discorso teorico di Virgilio, sarà stato che mi trovavo nella cornice degli accidiosi, ma a questo punto io mi addormentai!

E come la notte precedente feci un sogno: e sognai una donna balbuziente, con gli occhi strabici, zoppa, con le mani mozze e la faccia pallida come quella di una morta:

mi venne in sogno una femmina balba,
ne li occhi guercia, e sovra i piè distorta,
con le man monche, e di colore scialba.

Questa specie di mostro a poco a poco veniva illuminata dai raggi del sole, che le colorivano il volto, le facevano scomparire i difetti, la rendevano sempre più attraente. Finché incominciò a cantare e con voce dolce, suadente, accattivante, rivelò di essere una delle sirene che avevano tentato Ulisse durante i suoi viaggi.

Io ero tutto attento alle sue parole, alle sue promesse di felicità e di piacere, quand'ecco apparire un'altra donna, con l'aria decisa, onesta, fiera, che le si avvicinò e le spalancò di colpo la veste, mostrando un ventre putrido, disgustoso, puzzolente. E fu proprio la puzza a svegliarmi.

"Ti ho chiamato già tre volte!", disse Virgilio. "Alzati, su, che dobbiamo proseguire".

■ Stazio*

Visitammo la quarta cornice, quella degli accidiosi, poi la quinta, con gli avari e i prodighi. Stavamo per lasciarla, ed ecco che il monte fu scosso da un violento terremoto. Non ebbi quasi modo

---

I PERCHÉ DI DANTE

Perché Dante sogna la "femmina balba"?

Percorrendo il purgatorio, Dante si addormenta tre volte e tutte e tre le volte sogna. I suoi sogni, che si manifestano in prossimità dell'alba (quando si credeva che i sogni dicessero il vero) hanno ovviamente un significato allegorico.

Il significato della "femmina balba" è evidente: Dante nel suo percorso di purificazione sente tutte le tentazioni dovute alla sua natura di essere vivo e carnale. La donna-sirena è quindi un simbolo di tentazione: come spesso capita con le tentazioni, Dante all'inizio ne vede tutti i difetti, ma a poco a poco si lascia incantare dalla sua voce, finché non interviene un'altra figura, che gli rivela la vera natura del mostro.

di spaventarmi, perché subito il rumore del terremoto fu seguito da un canto di lode e di esultanza. La paura lasciò il posto alla curiosità: com'era possibile che in quel luogo si verificassero fenomeni naturali eccezionali come i terremoti? Io credevo che nel purgatorio, come nell'inferno e nel paradiso, tutto si svolgesse sempre secondo regole prestabilite, senza eccezioni: come nel secondo cerchio dell'inferno soffiava sempre un vento tempestoso, così su quella montagna non doveva piovere mai, né le nuvole potevano mai fare schermo al sole...

Virgilio mi spiegò che il terremoto rientrava appunto nell'ordine perfetto del purgatorio: si verificava infatti ogni volta che un'anima, finito il suo periodo di pena, era pronta a entrare in paradiso.

Ed eccola, infatti, l'anima destinata a lasciare il monte per salire al cielo, ben cinquecento anni dopo la morte. Era l'anima di Stazio, un poeta latino che, ai tempi dell'imperatore Vespasiano, si era convertito al cristianesimo dopo aver letto le opere di Virgilio. Proprio a noi Stazio si avvicinò, chiedendoci la strada e spiegandoci chi era. E concluse dicendo che il suo cruccio più grande era di non essere vissuto ai tempi di Virgilio e di non aver potuto conoscere l'autore a cui doveva la propria salvezza.

I PERCHÉ DI DANTE

Perché Virgilio ha aiutato Stazio a convertirsi?

Nel Medioevo, Virgilio era considerato non solo un grande poeta, ma anche un maestro di saggezza e un anticipatore del cristianesimo. Ciò è dovuto soprattutto a una delle *Bucoliche*, la quarta, una poesia in cui Virgilio parla di un bambino meraviglioso, che con la sua nascita darà inizio a una nuova era. Virgilio in realtà si riferiva al figlio di un amico potente, ma nel Medioevo si leggeva in questi versi un riferimento alla nascita di Gesù.

Ecco perché Stazio dichiara di essere stato ispirato da Virgilio non solo per la scrittura dei suoi poemi, ma anche per la conversione al cristianesimo. Bisogna dire però che questa conversione è con ogni probabilità una leggenda che non trova alcun riscontro nella realtà storica.

Virgilio a queste parole si rivolse verso di me con una faccia che voleva dire "Taci!". Ma io non riuscii a trattenere un sorriso, che Stazio notò e da cui fu incuriosito: "Perché quell'espressione?", chiese innocentemente.

Cosa dovevo fare? Per fortuna Virgilio mi rassicurò: "Non aver paura, parla e digli quello che desidera tanto sapere".

"Ebbene", dissi allora a Stazio, "sappi che questi che mi fa da guida è proprio quel Virgilio che ti ispirò quand'eri in vita".

Stazio si chinò, quasi piangendo dall'emozione, ad abbracciare le ginocchia del maestro, che lo rialzò affettuosamente, e insieme proseguimmo il cammino salendo alla sesta cornice.

▮ Forese Donati*

Tra alberi carichi di splendidi frutti e freschi ruscelli d'acqua limpida, nella sesta cornice sono puniti i golosi: queste meraviglie servono infatti a meglio far sentire loro la fame e la sete, giacché sia l'acqua, sia i frutti si allontanerebbero se essi allungassero le mani per servirsene.

Non l'aspetto del volto, ridotto a un teschio smagrito, con gli occhi fuori dalle orbite e la pelle arida e squamosa, ma il suono della voce, mi permise di riconoscere l'amico Forese Donati. Cugino di mia moglie Gemma, Forese era stato in gioventù il mio compagno di divertimenti e di gozzoviglie: quanti ricordi, quante risate!

E che impressione, rivederlo così cambiato, non solo nell'aspetto, ma anche nell'atteggiamento: la spensieratezza di un tempo, quando ci scambiavamo allegramente insulti sanguinosi in rima (*avaraccio! ghiottone! cornuto! miserabile! accattone!* – per scherzo, si capisce: ma anche per mettere alla prova la nostra abilità, per giocare con le parole, come fanno i poeti) – quella spensieratezza, quell'allegria, adesso erano per lui un ricordo doloroso. E parlando con me, che credevo di fargli piacere rievocando il nostro passato, portò invece il discorso sulle preghiere di sua moglie Nella, che gli avevano abbreviato la permanenza nelle cornici inferiori, e sulla spudoratezza delle donne fiorentine, i cui vestiti ormai erano talmente scollacciati che lasciavano vedere il petto tutto intero.

Esagerava: ma era sempre stata una sua caratteristica, e mi faceva comunque piacere chiacchierare con lui, mentre camminavamo rapidamente, seguiti da Virgilio e Stazio silenziosi. E siccome era in vena di confidenze (e di profezie), gli chiesi notizie degli altri nostri parenti.

"Mia sorella Piccarda è in paradiso", mi disse. "Se ci arrivi, la vedrai di sicuro. Mio fratello Corso, invece, il tuo acerrimo nemico, il capo dei Neri a cui devi il tuo esilio, è atteso nell'inferno: mi sembra già di vederlo, legato alla coda di una bestia che lo trascina verso l'abisso eterno!

> *... a coda d'una bestia tratto*
> *inver' la valle ove mai non si scolpa".*

Bonagiunta da Lucca*

"C'è qualcuno di importante, con cui secondo te dovrei parlare, fra queste anime?", chiesi allora.

"Senza dubbio", rispose. "Questo, per esempio", e me lo indicò col dito, "è Bonagiunta, Bonagiunta da Lucca: e sconta digiunando le anguille di Bolsena e la vernaccia di cui era tanto ghiotto in vita".

"Sei tu", intervenne allora quell'anima, evidentemente desiderosa di parlarmi, "colui che ha inventato il nuovo modo di fare poesia, incominciando con la canzone *Donne che avete intelletto d'amore?*".

"Io", risposi, "sono semplicemente uno che, quando l'amore mi ispira, scrivo, e seguo quello che mi detta dentro:

> *... I' mi son un che, quando*
> *Amor mi spira, noto, e a quel modo*
> *ch'e' ditta dentro vo significando".*

"Adesso vedo bene, fratello mio, i limiti della mia opera", riprese Bonagiunta, "e di quella dei siciliani come Giacomo da Lentini, e del mio maestro Guittone d'Arezzo. E capisco perché voi poeti del dolce stil novo ci avete superato nella poesia d'amore. Ma quand'ero in vita non potevo". E tacque.

I lussuriosi

Forese mi salutò e si allontanò veloce con Bonagiunta e gli altri golosi e io salii con Virgilio e Stazio alla settima e ultima cornice, quella dei lussuriosi, cioè di coloro che hanno vissuto

seguendo come bestie l'appetito.

Come per gli iracondi e per i golosi, avevo già incontrato questo peccato all'inferno, con la differenza che laggiù i peccatori non si erano pentiti della loro colpa e le loro anime erano perciò condannate per l'eternità, mentre qui in purgatorio avevano la certezza di salire, prima o poi, alla beatitudine del paradiso. I lussuriosi dell'inferno sono squassati da una bufera violentissima, che li costringe a urla, pianti e bestemmie; qui in purgatorio invece le

---

I perché di Dante

Perché Bonagiunta riconosce la superiorità di Dante?

Bonagiunta era stato in vita un avversario di Guido Guinizzelli e dei poeti stilnovisti, a cui rimproverava di scrivere in maniera troppo difficile e oscura. Adesso invece, nel purgatorio, egli riconosce di aver sbagliato ed elogia la dolcezza del nuovo stile, molto più efficace nell'esprimere la vera natura del sentimento amoroso.

Questo cambiamento di opinione è ovviamente un'invenzione di Dante, che approfitta dell'incontro con Bonagiunta per elogiare il proprio maestro e lo stilnovo nel suo complesso. Ma l'atteggiamento di Bonagiunta risulta credibile perché le anime del purgatorio sono tutte caratterizzate dall'umiltà, dal desiderio di cancellare in sé ogni segno di orgoglio, di egocentrismo, di superbia.

anime dei peccatori si aggirano cantando in mezzo alle fiamme roventi che si sprigionano dalla parete di roccia.

Virgilio, mentre mi indicava attentamente il percorso che dovevo seguire per non bruciarmi, mi spiegò che i lussuriosi erano divisi in due schiere, quella degli omosessuali e quella degli eterosessuali. Quando le due schiere si incontrano, le anime si abbracciano affettuosamente, senza fermarsi, come fanno le formiche intente al lavoro.

▨ Guido Guinizzelli e Arnaut Daniel*

Chiesi se qualcuno voleva parlare con me, dichiarando che ero vivo, e subito un'anima si fece avanti: era quella di Guido Guinizzelli, il maestro amatissimo mio e di tutti i migliori poeti d'amore della mia generazione,

> *il padre*
> *mio e de li altri miei miglior che mai*
> *rime d'amore usar dolci e leggiadre.*

Rimasi a lungo a guardarlo, senza potermi avvicinare a causa delle fiamme, poi gli dissi chi ero e gli confessai che per me era e sarebbe sempre rimasto il più grande poeta dei nostri tempi.

"Fratello mio", rispose lui, "questo che ti indico col dito è stato un poeta migliore di me, nella sua lingua. Ha superato tutti i poeti e i narratori della sua epoca, e non credere a chi ti dice il contrario". Con queste parole scomparve tra le fiamme, come un pesce che sprofonda nell'acqua.

Io mi avvicinai all'anima che Guinizzelli mi aveva indicato: era il poeta provenzale Arnaut Daniel, che si presentò nella sua lingua:

> *"Ieu sui Arnaut, que plor e vau cantan:*

Sono Arnaut, che piango e nello stesso tempo vado cantando. Con vergogna ripenso alla follia di un tempo, ma vedo dinanzi a me la gioia che mi aspetta. Ora, in nome della Grazia che ti guida alla sommità del monte, ti prego: ricordati del mio dolore, quando sarai tornato al mondo!". E si nascose nel fuoco purificatore.

Stazio

Publio Papinio Stazio (40-96 d.C.) è un poeta epico latino. Di lui ci restano la *Tebaide* (che narra le lotte tra i fratelli Eteocle e Polinice, figli del re di Tebe Edipo) e l'*Achilleide* (incompiuta, che narra la giovinezza di Achille). Il modello a cui Stazio si ispira è l'*Eneide* di Virgilio. Stazio è autore anche di poesie liriche, che Dante non conosceva.

La famiglia Donati

I Donati erano una delle più importanti famiglie fiorentine del tempo di Dante. Dante stesso aveva sposato Gemma Donati (1266-1330 circa) ed era quindi imparentato con loro. Nella *Divina Commedia* Dante non nomina mai la moglie, ma compaiono altri membri della famiglia:

– Forese, cugino di Gemma, poeta e amico di Dante, che si trova in purgatorio fra i golosi;

– Piccarda, sorella di Forese e quindi cugina di Gemma, che si trova in paradiso nel cielo della Luna (vedi pag. 170);

– Corso, fratello dei due precedenti, capo dei guelfi neri e quindi acerrimo nemico di Dante; nel 1300 era ancora vivo, ma Dante (per bocca di Forese) lo destina all'inferno senza farne il nome;

– Buoso, zio dei tre precedenti e di Gemma, che si trova all'inferno tra i ladri.

Bonagiunta Orbicciani

Di Lucca, nato nel 1220 circa e morto nel 1290 circa, è un poeta della generazione precedente a quella di Dante. È famoso soprattutto per una polemica con Guido Guinizzelli, il primo degli stilnovisti, a cui Bonagiunta contrappone il modello di Guittone d'Arezzo, il più importante poeta toscano della metà del Duecento.

Arnaut Daniel

Di questo poeta provenzale (spesso italianizzato in Arnaldo Daniello), attivo intorno alla metà del XII secolo, sappiamo poco. Ci sono rimaste 18 delle sue poesie, tutte d'amore tranne una, caratterizzate da uno stile difficile, ricercatissimo, che rivelano una straordinaria abilità metrica. Nelle parole che rivolge a Dante usa invece uno stile semplice, ricco di citazioni da altri poeti, a simboleggiare l'umiltà che caratterizza le anime del purgatorio.

COMPRENSIONE

1 **Dove si fermano Dante e Virgilio per passare la seconda notte?**
- ☐ Nella terza cornice
- ☐ Nella quarta cornice
- ☐ In una valletta appartata
- ☐ Non viene detto

2 **Stazio era:**
- ☐ un poeta epico latino
- ☐ un poeta provenzale
- ☐ un poeta stilnovista
- ☐ un amico di Virgilio

3 **Forese Donati era:**
- ☐ un poeta provenzale
- ☐ un poeta stilnovista
- ☐ un amico di Dante
- ☐ un rivale di Dante

ANALISI

1 **Spiega il significato del secondo sogno che Dante fa in purgatorio (quello della "femmina balba").**

2 **In quale situazione si trova Stazio? Perché può accompagnare Dante e Virgilio fino al paradiso terrestre?**

3 **Perché Virgilio è stato un punto di riferimento essenziale per Stazio?**
- – Sul piano letterario, perché ....
- – Sul piano personale, perché ....

4 **Dove si trova Forese Donati?**

....

155

5 **Che cosa dice Forese:**
- di sua sorella Piccarda?
- di suo fratello Corso?
- delle sfacciate donne fiorentine?
- degli scherzi che aveva scambiato con Dante in gioventù?

6 **Dove si trova Bonagiunta da Lucca?**

....

....

7 **Di che cosa parla con Dante, e perché?**

....

....

8 **Quali altri poeti incontra Dante dopo Bonagiunta?**

....

....

9 **Perché i lussuriosi sono immersi nel fuoco? (Rispondi in un breve testo scritto tenendo conto della legge del "contrappasso" che regola le pene nel purgatorio).**

....

....

....

....

....

....

....

....

....

....

....

....

....

....

LINGUA E STILE

1 **Con l'aiuto di un buon dizionario, spiega il significato e la differenza fra *ignavi*, *pigri* e *accidiosi*.**

ignavi: ....

pigri: ....

accidiosi: ....

2 **Parlando dei lussuriosi, Dante dice che essi hanno vissuto *seguendo come bestie l'appetito*. Nell'inferno, i lussuriosi erano definiti coloro *che la ragion sommettono al talento*. Confronta queste due definizioni.**

– Verifica cosa vuol dire in questo contesto:

appetito: ....

sommettono: ....

talento: ....

– Perché Dante attribuisce tanta importanza alla ragione?

....

....

....

....

15. Il paradiso terrestre: Matelda e Beatrice

Il muro del fuoco

In cima alla montagna del purgatorio si trova il paradiso terrestre, il luogo in cui Dio aveva collocato Adamo ed Eva al momento della creazione affinché vivessero perfettamente felici, e da cui li aveva scacciati dopo il Peccato originale.

Credevo che ci saremmo arrivati facilmente, una volta lasciata la cornice dei lussuriosi, perché l'ascesa era finita, e le sette P tracciatemi sulla fronte dalla spada dell'angelo all'ingresso del purgatorio erano ormai scomparse. Invece un'ultima prova mi aspettava: davanti a me si ergeva minaccioso un muro di fuoco, e benché Virgilio mi invitasse sorridendo ad attraversarlo io arretrai terrorizzato e pensai per un attimo di tornare indietro.

"Figlio mio", disse lui aggrottando la fronte, "non c'è altra strada e non devi temere: questo fuoco non ti farà alcun male". Poi, vedendo che non mi muovevo: "Pensa che questo muro è l'ultimo ostacolo fra te e Beatrice*!".

Il nome della mia donna fu quello che mi diede coraggio. E guidato da una voce che cantava armoniosamente e da Virgilio che per confortarmi mi diceva: "Mi sembra già di vedere i suoi occhi!", mi tuffai in quel calore insopportabile.

Terzo sogno di Dante

Quando uscimmo dall'altra parte, il sole stava per tramontare. Ci rifugiammo in una grotta e, per la terza volta, io mi lasciai vincere dal sonno e sognai.

Sognai una donna giovane e bella che passeggiava raccogliendo fiori e cantava: "Io sono Lia, e con le mani mi farò una ghirlanda;

mia sorella Rachele*, invece, se ne sta tutto il giorno a rimirarsi allo specchio: io amo la vita attiva, lei quella contemplativa".

Al mio risveglio il sole stava sorgendo e Virgilio mi disse solennemente: "Figliolo, hai visitato l'inferno e il purgatorio; d'ora innanzi io non posso più farti da guida, ma tu non ne hai più bisogno. In attesa di Beatrice, puoi fare quello che preferisci: stare seduto, passeggiare tra i fiori e le piante, goderti il sole... Non devi più aspettare i miei consigli e i miei cenni: sei ormai signore di te stesso, e sarebbe sbagliato non seguire la tua volontà:

> *Non aspettar mio dir più né mio cenno;*
> *libero, dritto e sano è tuo arbitrio,*
> *e fallo fora non fare a suo senno:*
>
> *per ch'io te sovra te corono e mitrio".*

▓ Matelda*

Mi trovavo in un bosco folto e pieno di vita, che mi rammentava, per contrasto, la selva oscura in cui Virgilio era corso a salvarmi all'inizio del viaggio. Qui tutto era dolce, sereno, piacevole: la brezza mi accarezzava tranquillamente, facendo fremere le fronde degli alberi, su cui cantavano mille uccellini, festeggiando il mattino appena sorto.

La mia passeggiata fu interrotta da un ruscello, talmente trasparente che qualsiasi acqua, qui sulla terra, parrebbe impura al suo confronto. Fermai il passo e guardai sull'altra riva, dove mi apparve una donna, sola, che avanzava cantando e scegliendo i fiori più belli tra quelli di cui era costellato il suo cammino:

> *una donna soletta che si già*
> *e cantando e scegliendo fior da fiore*
> *ond' era pinta tutta la sua via.*

"Bella fanciulla (in seguito avrei saputo che il suo nome era Matelda), che, se il tuo aspetto non mi inganna, canti per amore, vieni più vicina, in modo che possa sentire il suono delle tue parole".

Lei abbassò pudicamente gli occhi e, quasi danzando, mi accontentò. Quando fu vicina alla riva, alzò lo sguardo, che mi parve più luminoso di quello della dea Venere innamorata, e sorrise.

"Io sono qui", disse, "per rispondere a tutti i tuoi dubbi e a tutte le tue domande. E ti dirò che questo fiume viene da una sorgente eterna, che sgorgando si divide in due: da una parte si chiama Letè, e chi lo beve dimentica ogni male e ogni peccato; dall'altra si chiana Eunoè, e chi lo beve ricorda ogni bene compiuto sulla terra. Queste acque dovrai bere, se vuoi salire in paradiso".

▨ Apparizione di Beatrice

Mentre cercavo con gli occhi Virgilio e Stazio, che sorridevano incoraggianti, vidi che, alle spalle di Matelda, arrivava un lungo corteo. Sette candelabri accesi (i sette doni dello Spirito Santo) creavano sette lunghi fasci di luce, sotto ai quali avanzavano in processione ventiquattro vecchi coronati di giglio (i libri dell'*Antico Testamento*) e quattro animali con ali coperte di occhi (i Vangeli) e poi un carro trainato da un grifone (la Chiesa guidata da Cristo) e seguito da sette ballerine (le virtù) e da altri sette vecchi col capo circondato di rose (gli altri libri del *Nuovo Testamento*).

Finalmente, su una melodia dolcissima che intonava il *Cantico dei Cantici*, cioè il poema biblico che narra l'amore tra Salomone e la Regina di Saba, e mentre dall'alto cadeva una pioggia di fiori, ecco che su un carro mi apparve una donna, coronata d'ulivo, sotto un velo bianco, con un mantello verde e una veste rossa:

> *sovra candido vel cinta d'uliva*
> *donna m'apparve, sotto verde manto*
> *vestita di color di fiamma viva.*

Stupefatto, tremando, con la vista annebbiata, io che da tanto tempo aspettavo questo momento sentii rinascere in me l'antico amore. Mi voltai per dire a Virgilio, citando un suo verso famoso, "Riconosco i segni dell'antica fiamma", ma Virgilio, dolcissimo padre, a cui dovevo la mia salvezza, mi aveva lasciato:

> *Ma Virgilio n'avea lasciati scemi*
> *di sé, Virgilio dolcissimo patre,*
> *Virgilio a cui per mia salute die'mi;*

e io scoppiai in lacrime.

"Non piangere, Dante, perché Virgilio se n'è andato", disse Beatrice con il tono di un capitano che dà gli ordini alla ciurma della sua nave, o di una madre che rimprovera il figlio. "Sono ben altri i motivi che dovrebbero spingerti a piangere".

E mi rimproverò il mio traviamento di un tempo, i miei peccati, le mie colpe. Come in confessione, io le apersi tutto il mio cuore, pieno di vergogna e di pentimento, e lei mi impose di im-

I perché di Dante

Perché Beatrice rimprovera severamente Dante?

L'incontro fra Dante e Beatrice, al contrario di quanto ci aspetteremmo, non avviene all'insegna della dolcezza e dell'amore, ma del rimprovero e dell'umiliazione. Beatrice si presenta sulla scena quasi gridando, con un rimbombo bellicosissimo: "Guardaci ben", dice infatti a Dante, più minacciosa che mai: "ben son, ben son Beatrice!".

In seguito, Beatrice tornerà ad essere la donna dolce che Dante ricordava dagli anni della giovinezza, anche se il suo atteggiamento sarà sempre quello di una madre-maestra, più che di un'amante. Ma qui, in particolare, il suo rimprovero è ben giustificato: Dante deve liberarsi finalmente da ogni residuo di peccato e il compito di Beatrice è quello di spingerlo al pentimento. Il rimpianto per Virgilio, il ricordo dell'amore giovanile, sono in questo momento sentimenti che Dante deve mettere da parte per prepararsi a salire in paradiso.

Naturalmente, la grandezza di Dante consiste nella capacità di dirci tutto questo (attraverso Beatrice), e nello stesso tempo (attraverso le parole che lui stesso pronuncia o pensa) di farci sentire il suo rimpianto per Virgilio, di farci capire il sentimento di dolcezza che gli suscita la vista di Beatrice e così via.

mergermi nel Letè, per liberarmi da ogni impurità, e di bere le acque dell'Eunoè, per rafforzare le mie virtù.

Insieme a Stazio, sotto la guida di Matelda, io ubbidii a tutti gli ordini di Beatrice e quando tornai dal fiume mi sentivo rinato, rigenerato, come le piante quando rimettono le fronde dopo l'inverno, pronto a salire con lei in paradiso, fino alle stelle:

> *Io ritornai da la santissima onda*
> *rifatto sì come piante novelle*
> *rinovellate di novella fronda,*
>
> *puro e disposto a salire a le stelle.*

Enciclopedia

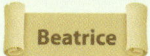
Beatrice

Si è a lungo discusso se Beatrice sia un'invenzione della fantasia di Dante o un personaggio storico reale. Oggi prevale questa seconda ipotesi e la donna è identificata con Beatrice (Bice) Portinari, figlia di un banchiere romagnolo trasferitosi a Firenze, nata nel 1266 circa e morta nel 1290. Vicina di casa di Dante, Beatrice andò sposa prima dei quindici anni a un altro banchiere, Simone de' Bardi, e morì, probabilmente di parto, prima dei venticinque anni.

Dante narra la storia del suo amore per Beatrice nella *Vita nuova*, il capolavoro giovanile, mescolando prosa e versi. Nella *Commedia*, Beatrice è la guida che si sostituisce a Virgilio nel paradiso terrestre e aiuta Dante a percorrere i nove cieli del paradiso celeste.

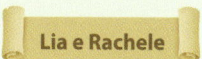
Lia e Rachele

Secondo la *Bibbia*, Lia e Rachele (figlia di Labano) sono due sorelle che, una dopo l'al-tra, vanno in moglie a Giacobbe, il patriarca da cui discendono le dodici tribù d'Israele. Lia simboleggia la vita attiva, Rachele la vita contemplativa.

Matelda

Matelda (il nome è una variante del più comune Matilde) è l'unica anima che vive perennemente nel paradiso terrestre. Il suo compito è bagnare le anime che salgono al cielo nelle acque dei due fiumi Letè ed Eunoè, in maniera da far loro dimenticare il male e da fissare invece il ricordo del bene.

Gli antichi commentatori identificarono questo personaggio con Matilde di Canossa, la famosa marchesa toscana vissuta nell'XI-XII secolo. In realtà, Matelda è una figura fantastica, che simboleggia l'umanità nella sua condizione di perfezione, di perfetta armonia con Dio e con la creazione.

COMPRENSIONE

1 **Verifica la comprensione del testo rispondendo alle seguenti domande.**
- Che cosa si trova in cima alla montagna del purgatorio?
- In che modo Virgilio convince Dante a superare il muro del fuoco?
- Che cosa sogna Dante durante la terza notte che trascorre in purgatorio?
- Dove avviene l'incontro fra Dante e Matelda?
- Che cosa fa Matelda, dopo che Dante ha incontrato anche Beatrice?

2 **In quale istante Dante si accorge che Virgilio non è più al suo fianco?**
- ☐ Subito dopo che Virgilio l'ha reso padrone di se stesso
- ☐ Subito dopo l'incontro con Matelda
- ☐ Subito dopo l'incontro con Beatrice
- ☐ Non viene detto

ANALISI

1 **Che cosa potrebbe simboleggiare a tuo avviso il muro del fuoco e perché Dante deve attraversarlo?**

....

....

2 **Confronta la foresta in cui Dante incontra Matelda con la "selva oscura" in cui si era smarrito all'inizio del viaggio e metti in evidenza:**
- le differenze fra i due ambienti
- gli incontri che Dante vi fa

3 Completa la seguente tabella, mettendo in ordine i tratti che caratterizzano Matelda:

Aspetto fisico	
Atteggiamento	
Funzione	

4 Come si chiamano i due fiumi del purgatorio e a che cosa servono?

....

....

5 Ripensa ora all'apparizione di Beatrice.
   – Che cosa vede Dante nel corteo che precede l'apparizione?
   – Come si presenta la donna amata e qual è il suo atteggiamento?
   – Come si spiega questo atteggiamento?

6 Come si conclude il *Purgatorio*?

....

....

....

LINGUA E STILE

1 Che cosa si intende con "vita attiva" e "vita contemplativa"? Svolgi una breve ricerca e spiega il significato di queste espressioni.

2 L'ultima parola del *Purgatorio* è la stessa dell'*Inferno* (e sarà la stessa con cui si concluderà il *Paradiso*). Individua questa parola e prova a spiegare il motivo della scelta di Dante.

Paradiso

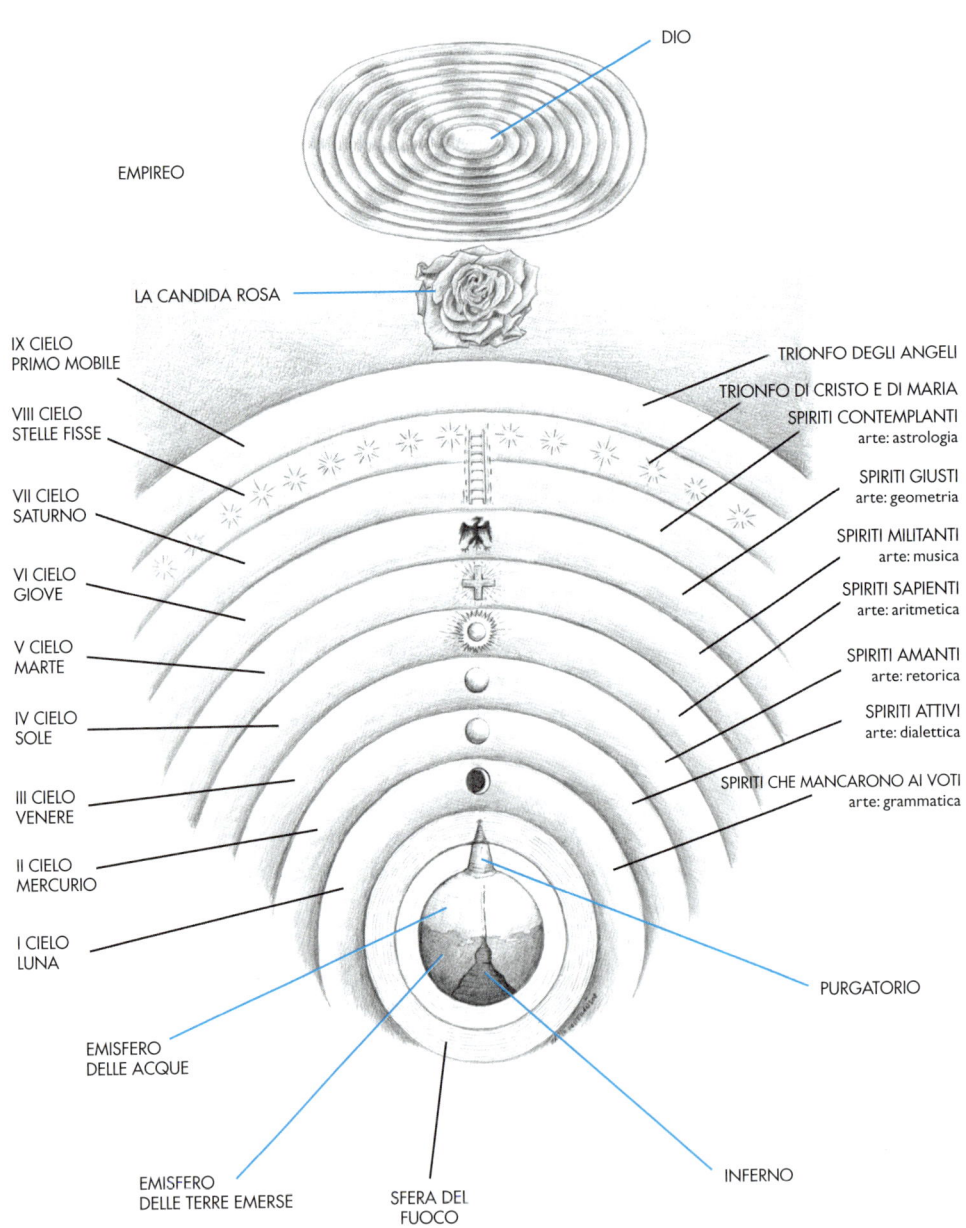

DIO

EMPIREO

LA CANDIDA ROSA

IX CIELO
PRIMO MOBILE

VIII CIELO
STELLE FISSE

VII CIELO
SATURNO

VI CIELO
GIOVE

V CIELO
MARTE

IV CIELO
SOLE

III CIELO
VENERE

II CIELO
MERCURIO

I CIELO
LUNA

TRIONFO DEGLI ANGELI

TRIONFO DI CRISTO E DI MARIA

SPIRITI CONTEMPLANTI
arte: astrologia

SPIRITI GIUSTI
arte: geometria

SPIRITI MILITANTI
arte: musica

SPIRITI SAPIENTI
arte: aritmetica

SPIRITI AMANTI
arte: retorica

SPIRITI ATTIVI
arte: dialettica

SPIRITI CHE MANCARONO AI VOTI
arte: grammatica

PURGATORIO

EMISFERO
DELLE ACQUE

EMISFERO
DELLE TERRE EMERSE

SFERA DEL
FUOCO

INFERNO

16. Primi incontri: Piccarda e Costanza

◼ "Trasumanare" di Dante

La gloria di colui che tutto move
per l'universo penetra, e risplende
in una parte più e meno altrove.

La luce, simbolo della gloria di Dio, imbeve di sé tutto l'universo, ma splende in misura diversa a seconda delle zone.

Mentre mi preparavo a visitare il paradiso, cioè la zona più luminosa della creazione, e mi chiedevo se sarei arrivato fino all'Empireo, il cielo più esterno, fatto di pura luce, vidi Beatrice che fissava lo sguardo nel sole, come neanche un'aquila sarebbe in grado di fare.

La imitai e con mia sorpresa mi accorsi che riuscivo, sia pure per pochi istanti, a guardarlo senza restare accecato. Trovarsi nel paradiso terrestre, cioè nel luogo che Dio ha pensato e creato apposta per noi esseri umani, ha questi effetti miracolosi. Quando finalmente distolsi lo sguardo, lo posai su Beatrice – e accadde allora qualcosa che non so spiegare se non con un esempio.

Uno degli antichi miti greci narra che Glauco, un pescatore della Beozia, un giorno notò che i pesci da lui pescati riprendevano vita se entravano in contatto con una certa erba. Ne prese qualche filo, lo mangiò, e immediatamente fu trasformato in una divinità marina. Ecco, a me, guardando Beatrice, accadde esattamente lo stesso: mi sentii "trasumanare", cioè diventare più che umano, e mi accorsi che non avevo più i piedi posati sulla terra, ma volavo, verso l'alto, accanto a Beatrice.

Attraversammo la sfera del fuoco, che circonda tutta la terra e la separa dalle sfere celesti, e intanto Beatrice mi spiegò che quel mio volo era un fenomeno del tutto naturale: una volta liberatomi dai peccati, sarebbe stato ben strano se me ne fossi rimasto sulla terra, anziché avvicinarmi a Dio correndo più veloce di un lampo!

Ma a me rimase un dubbio, che Beatrice non poté o non volle risolvere: stavo davvero volando, col corpo e tutto, oppure era solo l'anima che compiva quest'ultima tappa del viaggio? Allora mi sembrava una domanda importante, oggi penso che non lo sia così tanto: se anche la visita al paradiso fosse stata solo una visione, un sogno dell'anima, che differenza farebbe?

Il cielo della Luna

Beatrice continuava a guardare verso l'alto e io mi accorsi che eravamo arrivati nel cielo della Luna: sentivo infatti, per la prima volta, la meravigliosa armonia che le sfere celesti producono con i loro moti eterni, una musica superiore a quella che è mai possibile ascoltare sulla terra; e avevo di fronte una specie di nebbia, luminosa, densa, scintillante, che ci avvolse insensibilmente, come l'acqua tersa e tranquilla accoglie senza il minimo turbamento un raggio di luce.

Beatrice mi dava spiegazioni scientifiche di tutto ciò che vedevo – la sfera che reggeva la luna è fatta di una sostanza che non si trova sulla terra e che i filosofi chiamano "quintessenza"; le macchie lunari (come la maggiore o minore luminosità delle stelle) dipendono dall'attività degli angeli, e non dalla sostanza di cui è fatta la luna stessa... Ma il nostro dialogo venne improvvisamente interrotto da una visione, che attirò a sé tutta la mia attenzione.

Vidi infatti delle facce pronte a parlare, ma quasi trasparenti, come il riflesso che vediamo quando ci specchiamo in un vetro o in un'acqua poco profonda.

> *Quali per vetri trasparenti e tersi,*
> *o ver per acque nitide e tranquille,*
> *non sì profonde che i fondi sien persi,*
>
> *tornan d'i nostri visi le postille (...)*
> *tali vid' io più facce a parlar pronte.*

Io pensai che fossero davvero dei riflessi e mi girai credendo di avere delle persone alle spalle. Beatrice sorridendo mi corresse: "Sei ancora pieno di incertezze: quelle che vedi sono anime, non riflessi, e si trovano qui perché non hanno tenuto fede ai voti che avevano pronunciato. Parla pure con loro, e credi a tutto quello che ti diranno: in paradiso, infatti, le anime sono dominate dall'amore e perciò non possono mentire".

L'incontro con Piccarda*

Io mi rivolsi all'anima che mi sembrava più desiderosa di parlare e le chiesi di dirmi il suo nome e di spiegarmi qual era la loro condizione.

"Nel mondo, io ero una suora. E se frughi bene nella tua memoria, il fatto che adesso sia più bella non ti impedirà di riconoscermi: sono Piccarda Donati, la cugina di tua moglie!

I' fui nel mondo vergine sorella;
e se la mente tua ben sé riguarda,
non mi ti celerà l'esser più bella,

ma riconoscerai ch'i' son Piccarda...

I PERCHÉ DI DANTE

Perché Beatrice fornisce spesso a Dante spiegazioni scientifiche?

Nello scrivere la *Divina Commedia*, Dante assunse un atteggiamento "enciclopedico": il suo poema doveva cioè affrontare tutti i campi del sapere. Nella *Commedia* troviamo quindi pagine che parlano di arte e letteratura, altre che parlano di religione e di morale, altre ancora di politica e così via. Questa tendenza, detta "enciclopedismo", era molto viva ai tempi di Dante ed è all'origine della nascita delle prime università. Inoltre, come avrai già notato, Dante è un "razionalista", cioè crede nella capacità dell'uomo di capire la realtà attraverso lo strumento della ragione. Ecco perché, ogni volta che se ne presenta l'occasione, Beatrice affronta argomenti che stimolano la capacità di Dante di ragionare e di analizzare il mondo in cui viviamo.

Mi trovo con questi altri spiriti in questo cielo della luna, che è il più lento di tutti, perché i nostri voti sono stati almeno in parte non rispettati".

"Adesso ti riconosco benissimo", dissi io scusandomi. E ne avevo ben motivo: Forese, nel purgatorio, mi aveva avvertito che l'avrei incontrata in paradiso! "Ma dimmi: voi che siete quaggiù, non vorreste trovarvi più in alto, cioè più vicino a Dio?".

Piccarda sorrise insieme alle altre anime, poi mi rispose allegra come una ragazzina innamorata: "Fratello mio, la virtù della carità da cui siamo dominate fa sì che noi desideriamo solo quello che abbiamo e nient'altro. Se volessimo stare più in alto, il nostro desiderio sarebbe in disaccordo con la volontà di Dio, e questo nel paradiso è assolutamente impossibile. Nella sua volontà sta la nostra pace: essa è come un mare verso il quale corre tutto ciò che Dio stesso o la natura creano:

> *E 'n la sua volontade è nostra pace:*
> *ell' è quel mare al qual tutto si move*
> *ciò ch'ella crïa o che natura face".*

Grazie a queste parole, capii che in cielo è dappertutto paradiso: anche se la luce di Dio si manifesta in modi diversi, la beatitudine delle anime è sempre totale. E mi tornarono in mente le parole di Francesca, la prima anima con cui avevo parlato all'inferno: anche lei aveva insistito sul tema della pace, ma per lei la pace era un desiderio irrealizzabile, travolta com'era dalla bufera infernale, laddove per Piccarda era una condizione reale e sicura.

■ Costanza d'Altavilla*

"Raccontami la tua storia", dissi allora a Piccarda, come avevo detto a suo tempo a Francesca.

E lei: "Più in alto vedrai forse santa Chiara d'Assisi*, la donna al cui esempio io mi ispirai, fuggendo dal mondo quand'ero una ragazza, prendendo il suo abito e promettendo di seguire la regola del suo ordine. Ma uomini più abituati a compiere il male che il bene mi rapirono al dolce chiostro e Dio sa quale fu la mia vita d'allora in poi.

Dal mondo, per seguirla, giovinetta
fuggi'mi, e nel suo abito mi chiusi
e promisi la via de la sua setta.

Uomini poi, a mal più ch'a bene usi,
fuor mi rapiron de la dolce chiostra:
Iddio si sa qual poi mia vita fusi.

Quest'altra anima che vedi sulla mia destra è quella dell'imperatrice Costanza d'Altavilla, anch'essa costretta a lasciare il convento per sposare l'imperatore Enrico VI di Svevia, da cui ebbe l'ultimo grande esponente della dinastia, Federico II".

Così mi disse, poi incominciò a cantare *Ave, Maria* e cantando svanì, come un sasso che affonda nell'acqua scura.

I perché di Dante

Perché Piccarda fu rapita dal convento?

Piccarda Donati fu strappata al convento di suore clarisse (cioè seguaci di santa Chiara d'Assisi) dal fratello Corso, che voleva farle sposare un altro capo dei guelfi neri, Rossellino della Tosa. Allo stesso modo, Costanza d'Altavilla, che Piccarda presenta a Dante subito dopo aver parlato di sé, venne tolta dal chiostro per andare sposa all'imperatore Enrico IV di Svevia.

I primi personaggi femminili che Dante incontra in ogni cantica (Francesca, Pia de' tolomei, Piccarda e Costanza) testimoniano un mondo in cui la violenza contro le donne era all'ordine del giorno: Francesca e Pia furono infatti uccise dai mariti (violenza fisica), Piccarda e Costanza furono costrette a sposarsi contro la propria volontà per ragioni politiche (violenza psicologica).

▦ Condizione delle anime beate

Io la seguii con gli occhi finché mi fu possibile, poi mi rivolsi a Beatrice: ma lo splendore del suo volto era talmente accecante che dovetti distogliere lo sguardo prima di poterle fare la domanda che mi assillava.

Così lei, che si era accorta della mia difficoltà e che leggeva nella mia mente come su un libro aperto, mi prevenne: "Vedo che sei tormentato da un dubbio: perché, ti chiedi, queste anime dovrebbero essere considerate meno sante di altre? In fondo, non è colpa loro se qualcuno ha loro impedito con la forza o con la violenza di rispettare i voti che avevano pronunciato.

Hai ragione: infatti queste anime sono comunque beate, anche se non hanno mantenuto tutte le promesse che avevano fatto. Tuttavia devi pensare che, sia pure in piccola misura, sono complici, oltre che vittime, del male che è stato loro fatto, perché non vi si sono opposte con tutte le loro forze. Sono rimaste fedeli ai voti nel segreto del cuore, però non hanno lottato apertamente per sostenere i propri diritti e le proprie scelte. Insomma, sono state deboli: è vero che una forza di carattere così grande si trova

---

I PERCHÉ DI DANTE

Perché le anime si fanno incontro a Dante man mano che lui sale nei vari cieli?

Le anime dei beati si trovano tutte nell'Empireo, a formare una "rosa" che Dante descriverà nell'ultima parte del *Paradiso*. Esse però gli vanno incontro nei vari cieli che Dante percorre, salendo verso Dio, accompagnato da Beatrice, per due ragioni:
– la prima è che nel paradiso, come nell'inferno e nel purgatorio, le anime non sono tutte sullo stesso piano, ma si trovano attentamente divise in categorie (questo ordine rispecchia ovviamente l'ordine generale dell'universo, stabilito da Dio);
– la seconda è che le anime, essendo beate, sono piene di amore per il prossimo e quindi anche per Dante; il poeta, essendo ancora vivo, ha una mente limitata e guardando la mistica rosa dell'Empireo non capirebbe quest'ordine, che invece è di fondamentale importanza: ed ecco che le anime gli rendono più facile il percorso, presentandosi a lui in maniera ordinata, una categoria per ogni cielo.

raramente, è propria solo dei santi e dei martiri, ma questa debolezza è un limite, dal punto di vista della perfetta virtù.

D'altro canto, considera anche questo: tu vedi qui, nel Cielo della Luna, delle anime che si trovano normalmente nell'Empireo, insieme a tutti gli altri beati. Le anime ti vengono incontro man mano che noi saliamo verso l'alto solo per aiutarti a capire meglio la struttura del paradiso, ma come ti ha spiegato Piccarda sono tutte ugualmente beate, perché la loro felicità consiste nel rispettare la volontà di Dio e la sua perfetta giustizia".

Enciclopedia

Piccarda Donati

Di questo personaggio si è già parlato nel *Purgatorio*, e precisamente nella cornice dei golosi, dove Dante ha incontrato suo fratello Forese (vedi pag. 149). Piccarda Donati era cugina di Gemma Donati, la moglie di Dante, e sorella di Corso Donati, il capo dei guelfi neri e acerrimo nemico del poeta. Non conosciamo né la data di nascita né quella di morte di Piccarda: secondo alcune voci, sarebbe morta di crepacuore poco dopo le nozze; secondo altre, si sarebbe volutamente procurata la lebbra per evitare che il matrimonio fosse consumato. Ma Dante non accenna neppure a queste che probabilmente sono leggende.

Costanza d'Altavilla

Nata nel 1154 e morta nel 1198, era figlia del re di Sicilia Ruggero II, appartenente alla famiglia normanna degli Altavilla. Andò sposa a Enrico VI di Svevia (figlio di Federico I Barbarossa) quando aveva più di trent'anni (che per l'epoca era un'età molto tarda; forse la storia della monacazione e delle successive nozze forzate è una leggenda che nasce da questa stranezza). Dopo varie vicissitudini legate alle lotte fra Normanni e Svevi per il possesso della Sicilia, Enrico VI impose il suo dominio sull'isola. Nel 1194 (a quarant'anni) diede alla luce il futuro Federico II, che rimase orfano di padre a tre anni e di madre a quattro e venne affidato alla tutela del papa Innocenzo III.

Chiara d'Assisi

Chiara Scifi (1193 circa - 1253) fu la principale collaboratrice di Francesco d'Assisi nella fondazione del movimento francescano. L'ordine femminile che da lei prende il nome è quello delle Clarisse, suore di clausura che seguono una regola molto simile a quella dei francescani.

ATTIVITÀ

COMPRENSIONE

1 **Da dove ha inizio il racconto del *Paradiso*?**
- ☐ Dal primo cielo, della Luna
- ☐ Dalla selva del purgatorio
- ☐ Dal paradiso terrestre
- ☐ Dalla sfera del fuoco

2 **Che tipo di beati incontra Dante nel cielo della Luna?**

3 **Quali sono le anime di cui Dante racconta la storia in questo primo cielo?**

ANALISI

1 **Spiega rapidamente chi era Piccarda Donati e riassumi la sua storia.**

2 **Completa la seguente tabella, mettendo in luce analogie e differenze tra Piccarda e Costanza:**

Analogie	
Differenze	

3 **Qual è il tema che lega fra loro le prime figure femminili che Dante incontra nell'inferno, nel purgatorio e nel paradiso?**

4 **Approfondisci la comprensione del testo rispondendo per iscritto alle seguenti domande.**
- – Perché Dante incontra Piccarda e le altre anime sue compagne nel cielo della Luna, anziché nell'Empireo?
- – Perché Piccarda non desidera un grado di beatitudine maggiore di quello che Dio le ha attribuito?

5 **Il tema della luce viene enunciato solennemente all'inizio del Paradiso.**
- Che cosa simboleggia la luce?
- Perché Dante afferma che essa penetra in tutto l'universo?
- Perché, tuttavia, risplende in maniera diversa a seconda delle zone?

LINGUA E STILE

1 **Le anime come Piccarda e Costanza non tennero fede ai loro "voti". Che cosa si intende con questa parola? Cerca la definizione corretta sul dizionario e spiega quali voti non hanno rispettato le due protagoniste dell'episodio.**
Voto = ...
Piccarda e Costanza non hanno rispettato ....

2 **Leggi attentamente i seguenti versi, poi rispondi alle domande.**

Uomini poi, a mal più ch'a bene usi,
fuor mi rapiron de la dolce chiostra:

- Che cosa vuol dire *usi*?
- Che cosa vuol dire *chiostra*?
- A chi si riferisce Piccarda con queste parole?

3 **Che cosa significa "trasumanare"? In che modo Dante spiega al lettore il significato di questa strana parola?**
....
....
....
....
....
....

17. Giustiniano e l'impero provvidenziale

Il cielo di Mercurio

Beatrice mi stava ancora spiegando che i voti sono una cosa molto seria, e che spesso noi cristiani li facciamo a cuor leggero, senza troppo pensare alle conseguenze: e mi citava esempi famosi di queste conseguenze, da quello di Agamennone, costretto a sacrificare sua figlia Ifigenia* prima di partire per Troia, a quello di Jefte*, che dovette uccidere la sua dopo essere tornato vincitore da una battaglia. Avete l'*Antico* e il *Nuovo Testamento*, e il papa, che vi fanno da guida: sono aiuti più che sufficienti per raggiungere la salvezza, non c'è nessun bisogno di fare voti.

> *Avete il novo e 'l vecchio Testamento,*
> *e 'l pastor de la Chiesa che vi guida;*
> *questo vi basti a vostro salvamento.*

Le mie nuove domande furono messe a tacere perché in quel momento arrivammo nel cielo di Mercurio. L'universo è fatto di sfere concentriche, sempre più grandi, che separano un cielo dall'altro, e noi eravamo passati dal primo al secondo cielo.

Ed ecco una nuova visione mi si offrì allo sguardo: come i pesci, in una vasca d'allevamento, vengono in superficie, se pensano di trovare qualcosa da mangiare, così io vidi più di mille luci che si avvicinavano a noi cantando, e in ogni luce si intravedeva un'anima:

> *Come 'n peschiera ch'è tranquilla e pura*
> *traggonsi i pesci a ciò che vien di fori*
> *per modo che lo stimin lor pastura,*
>
> *sì vid' io ben più di mille splendori*
> *trarsi ver' noi...*

"Parla", mi disse Beatrice quando quelle anime ci raggiunsero, "e credi a tutto quello che ti diranno".

Io mi rivolsi alla luce più vicina e le chiesi di dirmi chi era e perché si trovava lì. E lei, illuminandosi ancora di più, sì che il suo aspetto era tutto nascosto dalla luce, mi rispose così:

▨ L'imperatore Giustiniano*

"Tu sai che Enea, partito da Troia, arrivò nel Lazio, dove i suoi discendenti fondarono Roma. Compiendo il suo viaggio, Enea seguì il percorso del sole, da est a ovest, e quindi la volontà di Dio, che il sole simboleggia. L'imperatore Costantino, molti secoli più tardi, fece il contrario, e riportò la sede dell'impero verso oriente, a Costantinopoli.

Qui, circa duecento anni dopo la fondazione della nuova capitale, il potere imperiale finì nelle mie mani: io sono infatti l'imperatore Giustiniano e, ispirato da Dio, riformai il codice civile romano, eliminando gli errori e le ripetizioni che vi si trovavano.

I PERCHÉ DI DANTE

Perché le anime si illuminano quando Dante si rivolge loro?

Per tutto il paradiso, le anime (ad eccezione di Beatrice) si presentano a Dante sotto forma di luce: solo quando arriverà nell'Empireo il poeta potrà vedere il loro vero aspetto.

La luce delle anime è la manifestazione visibile del sentimento di carità (cioè di amore per il prossimo) che le spinge ad avvicinarsi a Dante e a parlare con lui. Per questo accade spesso che un'anima si illumini in modo particolare quando Dante le rivolge l'attenzione o la parola.

In alcuni casi, le anime si illuminano anche per lo sdegno: è il caso per esempio di san Pietro, che nella seconda parte della cantica si lascia cogliere da una santa ira al pensiero della malvagità dei papi. In questo caso, le anime assumono un colore rosso, che ricorda il rossore di chi si arrabbia sulla terra.

Cesare fui e son Iustinïano,
che, per voler del primo amor ch'i' sento,
d'entro le leggi trassi il troppo e 'l vano.

In gioventù ero ariano, pensavo cioè che Gesù fosse solo un profeta, un uomo, e non anche il Figlio di Dio; ma non appena mi convertii alla vera fede, Dio mi suggerì di dedicarmi tutto al lavoro sulle leggi, affidando le questioni militari al mio amato Belisario* – e i suoi incredibili successi mi fecero capire che Dio lo proteggeva e che io avevo fatto la scelta giusta".

▓ L'impero provvidenziale

E qui Giustiniano sentì il bisogno di raccontarmi in sintesi la storia dell'impero romano, dalle sue prime origini, con l'arrivo di Enea, alla fondazione di Roma da parte di Romolo, al ratto delle Sabine, al duello fra Orazi e Curiazi, al passaggio dalla monarchia

---

I PERCHÉ DI DANTE

Perché Dante rappresenta Giustiniano in maniera "parziale"?

Dante aveva una conoscenza degli avvenimenti storici riguardanti Giustiniano molto meno completa della nostra, per cui il ritratto dell'imperatore che ci fornisce è in parte falsato. Per esempio, Dante pensava che Giustiniano in gioventù fosse stato ariano, cosa che invece non risulta.

Ma Dante vuole offrirci un ritratto ideale, per cui evita anche di parlare di alcuni argomenti sgradevoli che gli erano ben noti: per esempio, tra Giustiniano e il generale Belisario non c'era affatto piena fiducia, al contrario Giustiniano temeva che Belisario minacciasse il suo trono e spesso tentò di liberarsene; allo stesso modo, Dante evita di parlare delle funeste conseguenze delle guerre scatenate da Giustiniano, che devastarono l'Italia per un trentennio, lasciandola povera, spopolata e in preda alle epidemie.

Giustamente invece Dante si sofferma sull'attività legislativa di Giustiniano: molti codici moderni (tra cui quello italiano) derivano proprio dal codice di Giustiniano, l'impresa a cui ancor oggi è legata la gloria di questo imperatore.

alla repubblica dopo Tarquinio il Superbo, alle guerre attraverso le quali Roma ampliò a poco a poco il suo dominio, lottando contro i Galli di Brenno, contro i Cartaginesi di Annibale, fino alle imprese di Cesare e Pompeo.

Le grandi conquiste di Cesare servirono a unificare tutto il bacino del Mediterraneo sotto l'impero di Roma; e le guerre civili combattute da Ottaviano, prima contro Bruto e Cassio, poi contro Antonio e Cleopatra, riuscirono a pacificare lo stato, consegnandolo al terzo imperatore, Tiberio, in condizioni perfette affinché la predicazione di Gesù si diffondesse in tutto il mondo conosciuto.

L'impero romano (mi spiegò Giustiniano) non era infatti il risultato casuale di una serie di avvenimenti storici imprevedibili, ma era una istituzione provvidenziale, voluta da Dio per garantire agli uomini le migliori condizioni di vita possibili sulla terra.

"Con le invasioni barbariche", proseguì, "l'impero non ebbe fine se non momentaneamente: esso rinacque con Carlo Magno, pronto a sostenere la Chiesa e ad affiancarla nella sua missione.

I PERCHÉ DI DANTE

Perché secondo Dante l'imperatore Costantino ha sbagliato?

Dante considera Costantino il primo imperatore cristiano e lo mette quindi in paradiso, tra gli spiriti giusti (cielo di Giove). Dante rimprovera però a Costantino la famosa "donazione", con cui avrebbe avuto inizio il potere temporale della Chiesa (Dante ignorava quello che invece sappiamo oggi, e cioè che la "donazione" è un falso di epoca medievale). Secondo Dante, infatti, potere temporale e potere spirituale dovevano essere nettamente separati.

Questo errore di Costantino si manifesta concretamente in un gesto, secondo un ragionamento che a noi può sembrare strano, ma che è coerente con la mentalità allegorica del Medioevo: lo spostamento della capitale da Roma a Costantinopoli, cioè da ovest a est, in direzione inversa rispetto al corso del sole; siccome il sole simboleggia la volontà di Dio, è chiaro (per Dante e per i suoi contemporanei) che Costantino si muoveva in direzione opposta...

Ecco perché sbagliano i ghibellini: perché sostengono l'imperatore contro il papa, senza capire che i due devono collaborare, e non combattersi! Ecco perché sbagliano i guelfi, e i francesi alleati del papa: perché vogliono che il papa abbia sia il potere spirituale sia quello temporale, e perpetuano l'errore di Costantino, che per primo concesse alla Chiesa il governo di un territorio!".

◼ Romeo di Villanova*

"Qui accanto a me", continuò Giustiniano dopo aver concluso le sue riflessioni sull'impero e sulla sua funzione, "brilla la luce di Romeo, un grande uomo vittima dell'ingiustizia. Il suo signore, Raimondo Berengario*, ebbe quattro figlie, e tutte diventarono regine grazie ai consigli e alle abili trattative di Romeo, straniero e di umili origini.

> *Quattro figlie ebbe, e ciascuna reina,*
> *Ramondo Beringhiere, e ciò li fece*
> *Romeo, persona umìle e peregrina.*

E quando Raimondo, a causa delle maldicenze degli altri signori provenzali, chiese conto a Romeo del tesoro che gli aveva dato da amministrare, lui gli restituì dodici al posto di dieci e poi se ne partì povero com'era venuto, e vecchio. E se il mondo sapesse con quanto coraggio andò in giro mendicando un tozzo di pane un po' qua e un po' là, già lo loda molto, ma lo loderebbe assai di più:

> *indi partissi povero e vetusto;*
> *e se 'l mondo sapesse il cor ch'elli ebbe*
> *mendicando sua vita a frusto a frusto,*
>
> *assai lo loda, e più lo loderebbe".*

La storia di Romeo mi commosse profondamente, sia perché in parte mi riconoscevo, io esule infelice, in questa vittima della maldicenza e dell'ingiustizia; sia perché la sua vicenda mi rammentava quella di Pier della Vigna, anche lui accusato ingiustamente dai cortigiani invidiosi – ma Pier della Vigna si era ucciso, e in questo modo era diventato lui stesso ingiusto, peccatore, Romeo invece aveva lottato per sopravvivere, senza venir meno ai suoi principi.

■ L'appassionato amore per la giustizia

Giustiniano e Romeo mi erano venuti incontro nel cielo di Mercurio perché facevano parte di quel gruppo di anime che avevano compiuto il bene per ottenere onori mondani e per amore della gloria terrena, non per amore del bene in sé. Adesso, la loro felicità consisteva nel riconoscere la perfezione della giustizia divina e nell'adeguare la loro volontà a quella di Dio.

Ma dalle parole di Giustiniano emergeva anche un'altro sentimento: il confronto tra la perfetta giustizia di Dio e quella tanto imperfetta degli uomini era ben presente alle anime del paradiso, e la loro condizione di beatitudine non le portava a disinteressarsi delle vicende umane, al contrario: Giustiniano parlava dell'impero con la stessa passione con cui io parlavo di Firenze o dell'Italia; e il fatto di distinguere finalmente senza più ombra di dubbio il piano della Provvidenza lo spingeva a una santa indignazione contro tutti gli errori che ostacolavano questo piano e allontanavano gli uomini da Dio.

Enciclopedia

Agamennone e Ifigenia

Secondo il mito, il capo degli Achei Agamennone fu costretto a sacrificare la figlia Ifigenia per garantire alla flotta un sereno viaggio fino a Troia. Ifigenia fu salvata dalla dea Artemide, che la tramutò in cerva all'ultimo momento; la moglie di Agamennone, Clitennestra, non perdonò al marito il delitto e quando questi tornò, dopo dieci anni di guerra, lo uccise a tradimento.

Jefte

È protagonista di un celebre episodio della *Bibbia*: nel libro dei *Giudici* si narra infatti che, durante una guerra contro gli Ammoniti, Jefte promise a Dio che, in caso di vittoria, gli avrebbe offerto in sacrificio la prima persona che sarebbe uscita di casa sua per venirgli incontro. Jefte vinse, ma al ritorno gli andò incontro per prima la sua unica figlia – e Jefte fu costretto a sacrificarla.

Giustiniano

Giustiniano I detto il Grande (482-565) fu uno dei più importanti imperatori bizantini. La sua azione politica ebbe come scopo la riconquista dell'impero d'occidente: egli riuscì a togliere l'Africa settentrionale ai Vandali, sconvolse l'Italia con una guerra trentennale contro i Goti e riuscì anche a riappropriarsi di una parte della Spagna, ma queste conquiste furono perse nel giro di pochi anni dopo la sua morte. L'opera più duratura di Giustiniano (oltre alle splendide creazioni artistiche di Ravenna, che all'epoca era la capitale dell'Italia) è il Codice civile: Giustiniano istituì una commissione incaricata di rivedere tutte le leggi accumulatesi nel corso dei secoli e di mettere ordine all'interno del diritto romano.

Belisario

Grande generale, nato nel 500 e morto nel 565, fu al servizio di Giustiniano. Combatté contro i Parti in oriente, salvò l'imperatore da una rivolta popolare, riconquistò l'Africa e sconfisse più volte i Goti in Italia. I suoi successi impensierirono Giustiniano, che a un certo punto tentò di metterlo da parte, sostituendolo con il più anziano Narsete (secondo alcune leggende, lo fece accecare e lo costrinse a mendicare, ma si tratta appunto di leggende). In realtà Belisario fu richiamato e rimase al servizio di Giustiniano fino alla morte.

Romeo di Villanova

Ministro di Raimondo IV, nacque nel 1170 e morì nel 1250. Secondo una leggenda, Romeo sarebbe stato un umile pellegrino, capitato per caso alla corte di Provenza mentre tornava da Santiago di Compostela ed entrato al servizio del conte per le sue straordinarie qualità. Ma è più probabile che, in realtà, si trattasse di un abile avventuriero, che Dante trasforma in un simbolo dell'ingiustizia.

Raimondo Berengario

Raimondo Berengario IV, conte di Provenza, nacque nel 1198 e morì nel 1245. Si alleò ai re di Francia, combattendo contro altri signori provenzali per ampliare il proprio territorio, e diede in sposa a Luigi IX il Santo la sua prima figlia Margherita; la secondogenita Eleonora andò sposa al re d'Inghilterra Enrico III; la terza figlia, Sancia, sposò il conte di Cornovaglia (che aveva anche il titolo di "re dei Romani"); e la quarta, Beatrice, dopo la morte del padre sposò Carlo I d'Angiò, re di Napoli e della Sicilia (vedi più avanti, pag. 196). Dante, come vedi, gioca un po' con le date: è impossibile che Romeo, scacciato da Raimondo, abbia combinato il quarto matrimonio dopo la morte del signore...

ATTIVITÀ

COMPRENSIONE

1 **Verifica la comprensione del testo rispondendo alle seguenti domande.**
- Dove si trova l'anima di Giustiniano?
- Come si presenta a Dante?
- Qual è la caratteristica delle anime come Giustiniano?

2 **Giustiniano fu:**
- ☐ un imperatore romano
- ☐ un imperatore bizantino
- ☐ un imperatore carolingio
- ☐ un imperatore germanico

3 **Giustiniano visse:**
- ☐ nel I secolo a.C.
- ☐ nel I secolo d.C.
- ☐ nel III secolo d.C.
- ☐ nel VI secolo d.C.

ANALISI

1 **Qual è l'impresa a cui, secondo Dante, Giustiniano deve la sua gloria?**

2 **Giustiniano parla di altri due personaggi importanti, all'inizio e alla fine del suo racconto. Completa la seguente tabella spiegando chi erano e perché Giustiniano parla di loro:**

	Belisario	Romeo di Villanova
Chi erano		
Perché vengono nominati		

3 **Per quali ragioni Dante poteva identificarsi con Romeo?**

4 **Qual è il tema che lega fra loro tutti i personaggi di questo capitolo?**

5 **Nel suo lungo discorso, Giustiniano riassume la storia dell'impero dai tempi di Enea a quelli di Dante.**
– Perché, secondo Dante, l'impero è una creazione "provvidenziale", cioè voluta da Dio?
– Qual è il messaggio che Dante voleva comunicare ai lettori del suo tempo?

6 **L'imperatore Costantino, secondo Dante, ha commesso un grave errore: quale?**
☐ Ha fondato Costantinopoli
☐ Non ha aderito al cristianesimo
☐ Ha dato inizio al potere temporale del papa
☐ Ha falsificato un importante documento

LINGUA E STILE

1 **Spiega il significato delle seguenti espressioni, chiarendo il valore dei termini evidenziati come negli esempi:**

Romeo, persona umìle e peregrina

umile = di bassa condizione sociale, non nobile e non benestante
peregrina = ...

indi partissi povero e vetusto;

indi = ...
partissi = si partì, cioè se ne andò
vetusto = ...

18. San Francesco e san Domenico

Il cielo di Venere

Mi accorsi che eravamo saliti al terzo cielo, quello di Venere, solo perché guardando Beatrice la vidi ancora più bella e luminosa. Qui, tra gli spiriti che in vita sono stati dominati dal sentimento dell'amore e hanno fatto il bene ispirati da esso, parlai con due anime in forma di fiammella.

La prima era quella di Carlo Martello*, figlio del re Carlo II d'Angiò, uno dei "francesi" di cui Giustiniano aveva appena finito di parlarmi male. Avevo conosciuto questo principe sfortunato a Firenze, quando avevo meno di trent'anni. Carlo era morto poco dopo, lasciando tutto il regno al fratello Roberto, un pessimo sovrano – come mi confermò lui stesso: segno che vizi e virtù non dipendono dai genitori, ma dalle nostre scelte personali.

La seconda anima che mi parlò era quella di Cunizza da Romano*, sorella di uno dei più terribili e sanguinosi tiranni della Marca Trevigiana all'inizio del Duecento. Cunizza era stata al centro di numerosi scandali a causa della sua vita dissoluta e dei suoi numerosi amanti, ma si era sinceramente pentita e aveva ottenuto il perdono di Dio. Anche lei avevo conosciuto a Firenze quand'ero un ragazzo e lei era una vecchia monaca ormai tutta dedita all'amore per Dio. E anche lei mi confermava, con la sua vicenda, che ciascuno di noi è artefice del proprio destino: la nobiltà d'animo è qualcosa di individuale, che non dipende dall'origine, dalla famiglia o dalla ricchezza.

Il cielo del Sole

Così salimmo al quarto cielo, quello del Sole. "Ringrazia Dio", disse Beatrice, "che ti ha elevato fin quassù, dove vedrai (ecco che già si avvicinano) le anime che hanno conquistato il paradiso grazie alla loro sapienza".

Le anime, ridotte a punti di luce intensissima, ci accolsero con una vera e propria danza, formando una corona di fiammelle, accompagnate da una dolce melodia.

Quando si fermarono, una voce emerse dal cerchio e disse: "Senza dubbio tu vuoi sapere chi siamo noi che formiamo questa ghirlanda di luce. Io fui uno degli agnelli del gregge che san Domenico guida là dove ci sono buoni pascoli e si ingrassa bene, se non si sbaglia strada.

> *Io fui de li agni de la santa greggia*
> *che Domenico mena per cammino*
> *u' ben s'impingua se non si vaneggia.*

Il mio nome era Tommaso d'Aquino* e accanto a me ci sono altri undici filosofi e sapienti, antichi e moderni". E me li elencò, incominciando dal suo maestro Alberto Magno e concludendo con Sigieri di Brabante, che in vita era stato suo avversario e che in paradiso era invece suo compagno di beatitudine.

Oh, pensai allora, quanto siamo sciocchi noi esseri umani: chi si dedica al diritto, chi alla filosofia, chi alla politica, chi al com-

---

I perché di Dante

Perché Tommaso presenta per ultimo un suo accanito avversario?

Tommaso d'Aquino e Sigieri di Brabante sono due importanti filosofi e teologi del Duecento. In vita essi erano stati spesso avversari, adesso invece si trovano insieme in paradiso. Tommaso presenta Sigieri per ultimo, non in segno di poca stima, ma anzi per dare il massimo risalto al suo nome, che resta impresso nella mente dei lettori più di quelli elencati alla rinfusa prima di lui. Essendo frutto di una visione parziale della verità, qual è quella che possono avere gli uomini, i loro contrasti sono ormai superati e Tommaso (al contrario di quanto avrebbe fatto un'anima del purgatorio) non vi accenna neppure, adesso che entrambi vedono la verità chiara e completa nella mente di Dio.

mercio, chi all'amore, chi all'ozio – tutte cose che distraggono da Dio e dalla vera sapienza; e io invece, libero da tutto ciò, sono accolto qui in cielo così gloriosamente da queste anime!

I due campioni della Chiesa

San Tommaso, dopo una breve pausa, riprese a parlare dicendo: "Credo che tu sia rimasto incuriosito da quella mia metafora: si ingrassa bene, se non si sbaglia strada. E voglio spiegarmi.

La Provvidenza divina, che governa il mondo con una saggezza inconcepibile per creature come noi, per garantire che la Chiesa seguisse la retta via e restasse fedele al suo scopo, mandò sulla terra due principi, due campioni, che le indicassero il cammino. Uno (san Francesco) fu tutto pieno di ardore come un serafino, l'altro (san Domenico) fu splendente di saggezza come un cherubino.

> *L'un fu tutto serafico in ardore;*
> *l'altro per sapïenza in terra fue*
> *di cherubica luce uno splendore.*

Parlerò di uno solo dei due, giacché il loro scopo era lo stesso e, facendo l'elogio di uno, indirettamente si elogia anche l'altro.

Elogio di san Francesco*

A poca distanza da Perugia, tra il fiume Tupino e il monte Subasio, c'è un paese a mezza costa della montagna. Lì nacque al mondo un vero e proprio sole, sicché il nome della città, Assisi, si potrebbe sostituire con Oriente.

Non era sorto da molto tempo, questo sole, che incominciò a far sentire i raggi della sua virtù, perché, ancora ragazzo, si mise in conflitto col padre a causa di una donna a cui, come alla morte, nessuno apre la porta; e davanti al proprio vescovo la sposò e da allora in poi l'amò ogni giorno sempre di più.

Questa donna, privata del primo marito, per più di mille e cento anni era rimasta trascurata e ignorata da tutti: ma per non continuare a parlare in modo così enigmatico, ti dirò apertamente che i protagonisti di queste mistiche nozze erano Francesco e la Povertà:

> *Ma perch' io non proceda troppo chiuso,*
> *Francesco e Povertà per questi amanti*
> *prendi oramai nel mio parlar diffuso".*

Tommaso si riferiva naturalmente alla famosa cerimonia della rinuncia ai beni, in cui Francesco, di fronte all'intera città, si era spogliato di ogni avere, rinunciando all'eredità paterna per vivere in assoluta povertà, come si dice che abbia vissuto Gesù con i suoi apostoli.

"La loro concordia e la loro felicità", riprese Tommaso, "suscitavano in tutti pensieri santi. Tanto che il venerabile Bernardo, per primo, e poi Egidio, e poi Silvestro, si tolsero i calzari (Francesco andava in giro a piedi nudi) e corsero dietro a tanta pace. E così Francesco si trovò a capo di una piccola famiglia.

Il fatto di essere figlio di un mercante qualunque, Pietro Bernardone, non lo intimidì, né il fatto di avere un aspetto miserabile; ma con atteggiamento regale espose al papa Innocenzo III la sua regola, ed ebbe una prima approvazione. Poi, man mano che il gregge di quel santo pastore ingrossava, un altro papa, Onorio III, appoggiò ufficialmente il movimento. Ma a Francesco non bastava ancora: e dopo essere tornato dall'Oriente, dove aveva invano tentato di convertire il sultano d'Egitto, ricevette il terzo e ultimo sigillo direttamente da Cristo, sulla sua carne, dove lo portò per due anni, cioè fino alla morte:

> *nel crudo sasso intra Tevero e Arno*
> *da Cristo prese l'ultimo sigillo,*
> *che le sue membra due anni portarno".*

Tommaso si riferiva ovviamente alle stimmate, le ferite miracolose sulle mani, sui piedi e nel costato (cioè negli stessi punti in cui Gesù era stato ferito sulla croce).

"Quando Dio volle tirarlo a sé, Francesco raccomandò ai suoi frati ed eredi la Povertà, ordinando loro di esserle sempre fedeli. E neppure da morto si smentì, perché per il suo corpo non volle altra bara che la nuda terra.

Il nostro patriarca Domenico fu degno collega di Francesco nel reggere la barca di san Pietro, cioè la Chiesa. E chi segue le sue raccomandazioni non può sbagliare. Ma i domenicani sono diventati avidi di novità e le pecorelle si allontanano sempre più dal pastore: ben poche ormai sono quelle ancora fedeli al fondatore e ai suoi principi.

Puoi quindi capire che cosa intendessi quando, poco fa, dicevo che san Domenico guida il suo gregge là dove ci sono buoni pascoli e *ben s'impingua se non si vaneggia*".

I PERCHÉ DI DANTE

Perché Dante insiste sulla povertà di Francesco?

Il tema della povertà e della ricchezza è uno dei temi ricorrenti della *Divina Commedia*, a partire dalla famosa lupa/avidità che costringe Dante a tornare nella selva oscura all'inizio del poema. Questo fatto si spiega tenendo conto che Dante vive in una società mercantile, ma non condivide la mentalità dei mercanti, che gli appare lontana dai valori cristiani. Ecco perché la vita di san Francesco è letta quasi esclusivamente all'insegna della povertà: Francesco è un "secondo Cristo", che rifiuta la sua condizione di mercante (restituendo i beni al padre Pietro Bernardone) e restaura la povertà ideale della Chiesa originaria.

Nota che Dante, raccontando di Francesco, ignora volutamente le numerosissime leggende popolari fiorite intorno alla figura del santo, come la predica agli uccelli, l'incontro col lupo di Gubbio, ecc. L'immagine che Dante vuole fornirci è quella di un santo impegnato a lottare per la riforma della Chiesa – che per il poeta significa ritorno alla povertà evangelica e rifiuto della mentalità mercantile.

▦ Elogio di san Domenico*

Quando Tommaso ebbe concluso il suo lungo discorso, la corona di anime luminose si mosse e altre luci sopraggiunsero e formarono una seconda corona, simile alla prima. Dopo che le due corone ebbero danzato e cantato con sovrumana dolcezza, dalla seconda corona di anime emerse una nuova voce:

"L'amore che mi rende beato mi spinge a parlare dell'altro campione della Chiesa, visto che Tommaso ha parlato così bene del mio. È giusto che si parli di entrambi, visto che hanno combattuto per lo stesso obiettivo.

L'esercito di Cristo si muoveva lento e sparpagliato dietro alle insegne della Chiesa quando Dio gli inviò in soccorso due eroi, come si è detto. Nella penisola iberica, da cui giunge in primavera lo Zefiro che fa rifiorire le piante in tutta Europa, a poca distanza dalla costa dell'Oceano Atlantico, si trova la fortunata città di Calaroga. Qui, in Castiglia, nacque il santo atleta della fede cristiana, e ancor prima di nascere diede un segno della propria eccezionalità, ispirando alla madre incinta di lui un sogno profetico: la donna immaginò infatti di partorire un cane bianco e nero, con in bocca una fiaccola che incendiava il mondo! Anche la madrina, subito dopo il battesimo, ebbe la visione di un fanciullo con una

---

I PERCHÉ DI DANTE

Perché Dante usa spesso metafore guerresche parlando di san Domenico?

Nel raccontare la vita di san Domenico, Dante insiste su metafore di tipo guerresco: combattere, esercito, insegne, campioni, eroi..., che sottolineano l'impegno di Domenico e dei suoi seguaci nella lotta contro le eresie, molto diffuse in Europa e in Italia nel XII e XIII secolo. Si tratta però, per l'appunto, di metafore: Domenico condusse la sua lotta con le armi della cultura e della parola, non con il fuoco e la spada; egli si serviva della predicazione, del dialogo, non della violenza; furono i suoi seguaci domenicani, a poco a poco, ad adottare tecniche sempre più violente, con l'approvazione dei papi: ai tempi di Dante, per esempio, essi avevano avuto dal papa l'autorizzazione a praticare la tortura su coloro che erano sospettati di eresia.

stella in fronte. E dal cielo venne ai genitori l'ispirazione di chiamarlo Domenico, cioè 'del Signore', visto che già gli apparteneva interamente.

Spesso la sua nutrice lo trovò per terra, anziché nel letto, come se già da bambino sdegnasse le comodità. E quando crebbe si dedicò con fervore allo studio, non per averne onori mondani e ricchezze, ma per amore della verità. Al papa, che un tempo curava amorosamente la sua vigna e oggi la trascura, non chiese privilegi, né rendite, né beni, ma il permesso di combattere per la fede contro gli errori. E, armato di dottrina e di volontà, si mosse come un impetuoso torrente, e percosse gli eretici proprio là dove erano più forti. Da quel torrente sono derivati vari rivoli, che continuano a irrigare l'orto della Chiesa cattolica".

Francescani e domenicani

A questo punto sapevo cosa aspettarmi: se Domenico era un tale campione, un tale atleta, un tale "irrigatore", le stesse qualità dovevano di riflesso appartenere a Francesco, suo compagno nell'impresa di salvare la Chiesa dal disastro. Insomma, come

---

I perché di Dante

Perché i francescani hanno tradito il messaggio di san Francesco?

Dopo la morte del fondatore, il movimento francescano continuò ad avere un enorme successo, ma si delinearono due correnti contrapposte: quella degli spirituali, che interpretavano alla lettera la regola francescana, e quella dei conventuali, che volevano invece ammorbidirla e rendere un po' meno dure le condizioni di vita dei frati. Il contrasto era soprattutto sulla questione della povertà: gli spirituali volevano la povertà assoluta, i conventuali pensavano che i singoli frati dovessero essere poveri, ma i conventi potessero possedere beni e denaro.

Ai tempi di Dante, lo scontro era violentissimo: secondo Dante, entrambe le parti interpretavano male la regola, gli uni perché la irrigidivano fino a renderla disumana, i secondi perché la interpretavano troppo liberamente e non rispettavano la volontà di Francesco.

Tommaso, anche quest'anima aveva elogiato "l'altro" santo per esaltare indirettamente il fondatore del proprio ordine.

Ma, come Tommaso aveva concluso il suo discorso lamentando la degenerazione dei domenicani, così quest'anima parlò di quanto erano caduti in basso i francescani: "Inizialmente essi hanno seguito le orme di Francesco, ma ormai hanno cambiato strada, anzi vanno proprio al contrario. Si trovano ancora alcuni fedeli alla parola e allo spirito del santo, ma non sono né gli spirituali, che interpretano la regola con troppa rigidità, né i conventuali, che la vorrebbero rendere più lassa che mai.

Io sono Bonaventura da Bagnoregio*", concluse presentandosi, "e accanto a me vi sono alcuni personaggi famosi" e mi elencò gli altri undici nomi che costituivano la seconda corona di luci. Per ultimo mi indicò l'abate calabrese Gioacchino da Fiore*, dotato di spirito profetico, dalle cui opere avevo tratto qualche ispirazione.

▨ Il mistero della saggezza divina

Le due corone di spiriti sapienti ripresero a danzare e a cantare intorno a me, e io parlai di nuovo con Tommaso, e poi con il famoso re Salomone*, mentre Beatrice assisteva e mi aiutava a capire. Grazie alle loro parole mi venne confermato ciò che già avevo intuito, e cioè che il giudizio di Dio segue strade per noi misteriose, perché l'animo umano è straordinariamente complesso e solo Dio può vederlo fino in fondo. Non bisogna quindi mai essere troppo sicuri nel giudicare, per non fare come il contadino che valuta il raccolto prima che sia maturo:

> *Non sien le genti, ancor, troppo sicure*
> *a giudicar, sì come quei che stima*
> *le biade in campo pria che sien mature.*

Troppo spesso si vede una pianta quasi uccisa dal gelo che a primavera butta fiori meravigliosi, e troppo spesso accade che una nave, dopo un viaggio tranquillo, faccia naufragio a poca distanza dal porto di arrivo.

Non credano dunque le donnette e i sempliciotti, siccome vedono uno che ruba e un altro che fa l'elemosina, di poter anticipare la decisione di Dio: perché il ladro può salire al cielo e l'altro sprofondare in fondo all'inferno.

Non creda donna Berta e ser Martino,
per vedere un furare, altro offerere,
vederli dentro al consiglio divino;

ché quel può surgere, e quel può cadere.

Carlo Martello d'Angiò

Nato nel 1271 e morto nel 1295, è uno degli esponenti della famiglia d'Angiò, protagonista della vita politica italiana nel Duecento e ricordata spesso da Dante nella *Divina Commedia*.

– Il capostipite della famiglia è Carlo I (1226-1285), fratello del re di Francia Luigi IX il Santo; marito di Beatrice di Provenza (la figlia di Raimondo Berengario ricordata a pag. 183), aiutò il papa nella lotta contro gli Svevi in Italia meridionale, sconfisse Manfredi e Corradino e divenne re di Napoli e della Sicilia (quest'ultima perduta nel 1282, con i famosi "Vespri siciliani", a favore degli spagnoli Aragonesi).

– Suo figlio Carlo II, detto lo Zoppo (1254-1309), ereditò il regno di Napoli ed ebbe vari figli, tra cui:

Carlo Martello (di cui parla Dante) fu per breve tempo re d'Ungheria;

Roberto I il Saggio diventò re di Napoli e fu una figura importante nella prima metà del Trecento;

Margherita sposò un figlio del re di Francia e divenne madre del futuro re Filippo VI.

Cunizza da Romano

Nata nel 1198, apparteneva a un'importante famiglia signorile veneta, la cui fama è legata soprattutto al signore della Marca Trevigiana Ezzelino III, detto "il Terribile" per la sua proverbiale crudeltà.

Cunizza, figlia di Ezzelino II e sorella di Ezzelino III, si sposò ben cinque volte (fu moglie anche di Sordello da Goito, il poeta che Dante incontra nell'antipurgatorio vedi pag. 133). Da qui, probabilmente, la fama di donna di facili costumi che l'accompagnò

fino in tarda età, quando una crisi spirituale (o più probabilmente il crollo della sua casata, letteralmente sterminata dopo la morte di Ezzelino III, nel 1260) la spinse a rifugiarsi in convento a Firenze, dove morì (non sappiamo esattamente quando).

Tommaso d'Aquino

Nato nel 1225 e morto nel 1274, è probabilmente il più grande pensatore del Medioevo (Dante si ispira spesso alla sua filosofia, che a sua volta si ispirava al greco Aristotele). Frate domenicano, fu allievo di Alberto Magno e insegnò all'università di Parigi, dove ebbe forti contrasti con un altro filosofo, Sigieri di Brabante. Era soprannominato "il bue muto" per l'estrema grassezza (dovuta quasi sicuramente a una malattia) e per il carattere riflessivo e meditativo. È considerato santo dalla Chiesa cattolica, che lo annovera anche fra i "dottori" della Chiesa stessa, cioè tra i più grandi teologi.

Francesco d'Assisi

Nato nel 1182 e morto nel 1226, è uno dei santi più famosi e popolari del Medioevo. Figlio di un ricco mercante (il nome "Francesco" rimanda alla Francia, terra d'origine della madre, dove il padre aveva fatto fortuna), la sua vita è ricca di episodi leggendari, che trovano però poche conferme nei documenti storici. Dante ricorda quattro episodi fondamentali:

– la rinuncia ai beni paterni (il padre l'aveva ovviamente iniziato all'attività commerciale);

– l'approvazione della regola, solo verbale da parte di Innocenzo III, ufficiale e scritta invece da parte di Onorio III;

– la predicazione in Oriente, da cui Francesco tornò deluso;

– le stimmate, che segnarono il suo corpo negli ultimi due anni di vita.

Francesco è una figura fondamentale anche dal punto di vista letterario, essendo l'autore del *Cantico delle creature*, capolavoro della poesia religiosa duecentesca; ma Dante non vi accenna neppure.

Domenico di Guzmàn

Nato nel 1170 e morto nel 1221, è il fondatore dell'ordine dei frati predicatori (o domenicani). La sua biografia si contrappone nettamente a quella di Francesco d'Assisi: Domenico infatti era di famiglia aristocratica (Francesco invece era figlio di un mercante), studiò teologia e filosofia (Francesco invece venne educato per continuare l'attività paterna) e a ventiquattro anni divenne sacerdote (Francesco invece rimase sempre un laico). La sua predicazione si svolse soprattutto nella Francia meridionale, dove lottò contro le eresie (in particolare quella catara, che tendeva a considerare peccaminosa tutta la realtà materiale e corporea). La povertà e la carità, oltre allo studio, sono i fondamenti su cui si basa la regola del suo ordine.

Bonaventura da Bagnoregio

Nato intorno al 1220 e morto nel 1274, fu uno dei più importanti scrittori francescani della sua epoca. Collega (e spesso avversario) di Tommaso d'Aquino all'università di Parigi, è l'autore della *Legenda maior*, la biografia ufficiale di san Francesco, scritta quand'era "Generale" (cioè capo) dell'ordine francescano e tentava di impedire l'insorgere di conflitti tra coloro che volevano rispettare la regola di Francesco alla lettera (gli spirituali) e coloro che volevano ammorbidirla (i conventuali).

Gioacchino da Fiore

Nato nel 1130 circa e morto nel 1202, era un abate benedettino. Alcune delle sue opere hanno carattere profetico e una in particolare sosteneva che la storia del mondo era scandita in tre epoche: quella del Padre (dalla creazione alla nascita di Gesù), quella del figlio (dalla nascita di Gesù al suo tempo) e quella dello Spirito Santo (che sarebbe incominciata di lì a poco, con un grande rinnovamento spirituale e con l'elezione a pontefice di un grande santo). Dante rimase sicuramente suggestionato dall'idea di un prossimo rinnovamento spirituale dell'umanità, a cui la sua *Commedia* doveva contribuire.

Salomone

Figlio di Davide, il fondatore di Gerusalemme, è stato secondo la *Bibbia* il terzo re di Israele. Famoso per la sua saggezza e per aver edificato un grandioso tempio divenuto simbolo della religione ebraica, regnò tra il 970 e il 930 a.C. circa. Alla sua morte il regno venne diviso tra i due figli Roboamo e Geroboamo e iniziò a decadere.

ATTIVITÀ

COMPRENSIONE

1 **Chi si trova, rispettivamente:**
- nel cielo di Venere?
- nel cielo di Giove?

2 **Chi fa l'elogio di san Francesco? Chi fa l'elogio di san Domenico? Perché?**

3 **Chi era Gioacchino da Fiore?**
- ☐ Un antico sovrano biblico
- ☐ Un monaco dell'alto Medioevo
- ☐ Un abate del Duecento
- ☐ Un frate dei tempi di Dante

ANALISI

1 **Qual è il tema che Dante affronta nel cielo di Venere? Motiva la tua risposta facendo gli opportuni riferimenti al testo.**

2 **Completa la seguente tabella, riassumendo i quattro episodi principali della biografia di Francesco narrati da Dante:**

Primo episodio	
Secondo episodio	
Terzo episodio	
Quarto episodio	

3 **Qual è il valore principale a cui si ispira la vita e la predicazione di san Francesco secondo Dante?**

4 **Perché Dante non racconta le leggende più famose su san Francesco?**

5 **Dove emerge, nell'elogio di san Francesco, la polemica di Dante contro la mentalità mercantile del suo tempo?**

6 Qual è l'attività più importante che ha caratterizzato la vita di san Domenico?

7 Di quali strumenti si serviva il santo per condurre la sua battaglia?

8 San Francesco e san Domenico presentano analogie e differenze. Inserisci correttamente nella seguente tabella le frasi che ti proponiamo.

Analogie	
Differenze	

- *stessa epoca*
- *esperienza in Francia meridionale*
- *esperienza in Oriente*
- *grande cultura per poter predicare*
- *importanza dell'esempio*
- *lotta contro la corruzione della Chiesa*
- *lotta contro le eresie*
- *origine mercantile*
- *origine nobiliare*
- *valore della povertà*

9 Svolgi una breve ricerca sulle eresie del XII-XIII secolo e spiega:
- il rapporto fra queste e le ingiustizie sociali dell'epoca
- perché queste eresie costituivano un pericolo per la Chiesa e per i sovrani
- in quali modi vennero combattute

10 In quale situazione si trovava, ai tempi di Dante, l'ordine francescano? Quali tendenze si scontravano al suo interno?

11 Nell'ultima parte del capitolo si parla della saggezza divina, misteriosa e imperscrutabile. Che cosa spiegano a Dante gli spiriti sapienti?

....
....
....
....
....

LINGUA E STILE

1 Con l'aiuto di un buon dizionario, spiega il significato delle seguenti parole:

frate: ....
monaco: ....
prete: ....

2 Rileggi attentamente i seguenti versi e spiega il significato delle parole evidenziate:

Io fui de li agni de la santa greggia
che Domenico mena per cammino
u' ben s'impingua se non si vaneggia.

agni: ....
mena: ....
s'impingua: ....
si vaneggia: ....

19. Cacciaguida e la missione del poeta

Il cielo di Marte

Quando salimmo al cielo di Marte, dove si trovano (mi spiegò Beatrice) le anime degli spiriti che hanno combattuto per la fede, la luce che emanava dal volto della mia guida divenne tanto forte che per qualche istante io fui completamente accecato. Poi gli occhi ripresero a vedere e mi apparve una grande croce, formata da tanti punti luminosi che si muovevano velocissimi. E nel muoversi emettevano note che creavano una melodia meravigliosa.

La mia attenzione rimase a lungo concentrata su quello spettacolo, poi le luci si fermarono tutte insieme, come al comando di un artista misterioso, e una di esse si fece più vicina e incominciò a brillare di una luce più rossa: era infiammata (mi spiegò ancora Beatrice) dallo spirito di carità, cioè dall'amore per me, e perciò desiderava parlarmi.

Incontro con Cacciaguida*

Le sue prime parole furono in latino, lingua che io capivo benissimo; ma il loro contenuto mi rimase oscuro, tanto era superiore alla capacità dell'intelletto umano. A poco a poco, tuttavia, quell'anima ridiscese a concetti per noi comprensibili e io incominciai a capire che ringraziava Dio per essere stato così generoso nei confronti del suo sangue. Il suo sangue ero io: quindi chi parlava era un mio antenato.

"Figliolo caro", continuò, "tu devi sapere che io conosco perfettamente i tuoi pensieri, perché li leggo in Dio. Ma parla comunque, in modo che la mia risposta sia più efficace".

Io mi scusai se non riuscivo a manifestare appieno la gratitudine che provavo per essere stato accolto così amorosamente, e gli chiesi di dirmi chi era.

"Io sono stato il capostipite della tua famiglia", mi rispose allora: "il tuo bisnonno Alighiero, da cui prendi il cognome, era mio figlio. Adesso si trova in purgatorio: ricordati di accorciargli la permanenza laggiù con le tue preghiere". E incominciò a narrarmi la sua vita.

La Firenze antica

"Fiorenza dentro da la cerchia antica,
ond' ella toglie ancora e terza e nona,
si stava in pace, sobria e pudica.

Firenze era ancora racchiusa dentro la prima cerchia di mura, quella più antica, dove si trova ancora la chiesa della Badia, che con le sue campane scandisce le ore: la terza, la nona e tutte le altre; e la città viveva in pace, sobria e pudica.

Non c'erano gioielli, non c'erano vestiti di lusso, nessuno voleva apparire di più di quello che era. Quando nasceva una figlia, i padri non si preoccupavano per la dote smisurata che un giorno avrebbero dovuto darle. Le case erano piene di abitanti, perché nessuno si imbarcava per lunghi viaggi in Francia e in altri paesi

---

I PERCHÉ DI DANTE

Perché Cacciaguida chiede a Dante di parlare ad alta voce?

Le anime non hanno bisogno di parole per capire i pensieri di Dante: esse vedono nella sua mente perché partecipano della conoscenza perfetta di Dio. Cacciaguida invita però Dante a esprimere a parole ciò che pensa, manifestando i suoi dubbi, i suoi desideri, le sue curiosità. Le ragioni di questa richiesta sono due:

– da un lato, esprimere ad alta voce ciò che si ha dentro (per chi, come Dante, è ancora legato alla vita terrena) aiuta a chiarire il pensiero;

– dall'altro, parlare ad alta voce significa manifestare l'ansia di avere una risposta, e questo solleciterà la carità delle anime, il loro desiderio di rispondere e quindi l'efficacia della risposta stessa.

allo scopo di arricchirsi col commercio, abbandonando la moglie e i figli per mesi o per anni!

Ricordo di aver visto Bellincion Berti*, uno dei primi della città, che andava in giro vestito di cuoio, senza mantello, senza stoffe morbide e pregiate; e le loro donne uscivano spesso senza trucco, e in casa si dedicavano a filare e ad accudire i bambini, raccontando le antiche leggende sull'origine della città. Una donna scostumata, un politico disonesto, in quel tempo sarebbero sembrati strani ed eccezionali come oggi i loro contrari.

> *A così riposato, a così bello*
> *viver di cittadini, a così fida*
> *cittadinanza, a così dolce ostello,*

> *Maria mi diè, chiamata in alte grida;*
> *e ne l'antico vostro Batisteo*
> *insieme fui cristiano e Cacciaguida.*

Io nacqui in questa bella e tranquilla comunità di cittadini, con mia madre che invocava Maria Vergine nelle doglie del parto; e nel vecchio battistero di San Giovanni diventai cristiano ed ebbi il nome di Cacciaguida. Andai al servizio dell'imperatore Corrado, che mi fece cavaliere per i miei servigi. E lo seguii nella seconda crociata, per combattere contro i musulmani, che per colpa dei papi indegni occupano i luoghi santi. E qui morii, abbandonai il mondo che ci inganna coi suoi falsi beni, e dalla guerra e dal martirio venni a questa pace paradisiaca:

> *e venni dal martiro a questa pace".*

La vera nobiltà

Fra le parole di Cacciaguida, mi avevano colpito soprattutto quelle relative alla sua nomina a cavaliere: dunque io ero il discendente di un cavaliere, di un uomo che grazie alle sue capacità e alla sua fedeltà si era conquistato l'amicizia dell'imperatore! Quando ripresi a parlare, per chiedergli altri particolari, passai dal "tu" al "voi", in segno di rispetto – e Beatrice sorrise con aria ironica: ero ancora troppo legato ai beni terreni e alle gerarchie della nostra società, che in paradiso non hanno alcun valore!

Cacciaguida mi disse che era nato nel 1190 (naturalmente usò qualche perifrasi, ma il senso delle sue parole era questo) e mi fece l'elenco dei suoi discendenti, fino a mio padre. Ma il suo racconto, più che sulla nostra famiglia, si soffermava su Firenze tutta e sui cambiamenti che erano intervenuti negli ultimi cento anni: "Ai miei tempi", disse, "gli abitanti erano pochi, ma tutti uniti fra loro. Oggi sono più numerosi, ma molto divisi – tra guelfi e ghibellini, tra Bianchi e Neri, tra fiorentini purosangue e gente venuta dal contado e da altre parti: e perciò il numero non è segno di forza, ma di debolezza".

Spesso, continuò Cacciaguida, avviene che una città decada: quante ne abbiamo viste, che in passato erano famose, potenti, temute, e oggi quasi non si ricordano più! "Lo stesso potrebbe capitare a Firenze: e già molte delle famiglie che al mio tempo erano ric-

---

I PERCHÉ DI DANTE

Perché in Dante la riflessione sulla nobiltà è un tema importante e ricorrente?

Prima che Dante scrivesse la *Commedia*, si era avuto un vivace dibattito sul tema della nobiltà: alcuni sostenevano che fosse ereditaria, cioè dipendesse dalla famiglia di origine, altri sostenevano invece che fosse una dote individuale. Questo dibattito era il segno di una società in fermento: la nobiltà di origine feudale aveva ormai perso il suo potere e la sua importanza, mentre nuove classi sociali (i mercanti innanzitutto) esprimevano una nuova mentalità: i titoli ereditati dai genitori avevano ormai poco valore, mentre le capacità, lo spirito di iniziativa, cioè le virtù individuali, potevano garantire ricchezza e potere anche a persone di umile origine.

Dante, che di solito critica la mentalità mercantile, in questo caso condivide la visione più moderna: ogni individuo va giudicato per quello che è individualmente, e non per la famiglia o la classe sociale di appartenenza.

che e importanti oggi sono impoverite, se non addirittura estinte". E incominciò a elencare queste famiglie, i cui nomi per me erano ancora significativi, perché ne sentivo parlare da ragazzo, o perché la loro storia ancora si raccontava, quando vivevo a Firenze.

Mi tornarono in mente le anime che avevo incontrato nel cielo di Venere e anche i principi negligenti che avevo visto nella valletta la notte prima di superare la porta del purgatorio: anche lì c'erano gli esponenti di casate un tempo potenti, che non avevano fatto onore al loro nome e che avevano dato inizio alla decadenza della loro famiglia. Capii perché Cacciaguida mi parlava di questi argomenti: la nobiltà non è una cosa che si eredita dal padre come il nome, è qualcosa che dipende da ciascuno di noi, e spesso si vedono figli di grandi padri che tralignano e figli di padri oscuri che con i loro meriti personali si elevano al di sopra degli altri.

Il futuro di Dante

"Non aver timore di porre al tuo bisavolo la domanda che ti brucia in petto da tanto tempo", disse Beatrice a questo punto. "Questo è il momento di chiarire ogni dubbio".

Così incoraggiato, mi rivolsi di nuovo a Cacciaguida: "Percorrendo insieme a Virgilio l'inferno e il purgatorio", dissi, "ho udito molte profezie dolorose, per quanto io sia ben tetragono ai colpi della sorte. Ora vorrei sapere con chiarezza che cosa mi attende, per poter meglio resistere a questi colpi, e lo chiedo a te, che vedi tutto con una chiarezza sconosciuta alle menti mortali".

Chiusa nella propria luce, l'anima di Cacciaguida mi rispose finalmente in maniera aperta, senza quelle allusioni e quelle metafore che spesso rendono oscuro e minaccioso il linguaggio delle profezie:

"È vero, il futuro per noi è chiaro, senza segreti. Ecco quello che ti aspetta. Come Ippolito* fu costretto a partire da Atene per le calunnie della sua perfida matrigna, così tu dovrai lasciare Firenze. Il piano per esiliarti è già in atto e ben presto avrà successo.

Come sempre accade, la colpa verrà data a te, ma più tardi sarai vendicato e la giustizia verrà ristabilita.

Tu lascerai dunque tutte le cose che ti sono più care, e questo è il primo dolore legato all'esilio; proverai come sa di sale il pane altrui, e com'è duro salire e scendere le scale degli altri per chiedere ospitalità e aiuto; ma la cosa più difficile da sopportare sarà la compagnia malvagia e stupida insieme alla quale ti troverai in questa disgrazia:

> *Tu lascerai ogne cosa diletta*
> *più caramente; e questo è quello strale*
> *che l'arco de lo essilio pria saetta.*

> *Tu proverai sì come sa di sale*
> *lo pane altrui, e come è duro calle*
> *lo scendere e 'l salir per l'altrui scale.*

I PERCHÉ DI DANTE

Perché Dante dopo l'esilio ruppe i rapporti con gli altri guelfi bianchi?

Tra il 1301 (quando viene esiliato da Firenze) e il 1304 (quando i guelfi bianchi, alleati con i ghibellini, compiono l'ultimo inutile tentativo di riconquistare la città) si consuma la rottura fra Dante e gli altri esuli fiorentini. La rottura fu dovuta soprattutto al fatto che Dante si rendeva conto che la riconquista di Firenze non avrebbe avuto successo e quindi non partecipò alla battaglia della Lastra e si attirò le accuse di tradimento.

Dante, in realtà, aveva una visione delle cose molto più lucida degli altri esuli: egli si rendeva conto da un lato che i capi bianchi e ghibellini non erano realmente uniti fra loro, dall'altro che il destino di Firenze dipendeva da un gioco politico molto più ampio (i cui protagonisti erano il papa, l'imperatore, il re di Francia, e non i guelfi e i ghibellini di Toscana).

Le sue speranze erano dunque legate all'imperatore Arrigo VII e all'avvento di un papa meno malvagio di Bonifacio VIII – anche queste speranze tuttavia andarono deluse, e infatti nel *Paradiso* Dante affida a Dio e alla sua Provvidenza l'avvento di una nuova era di pace e di virtù.

> *E quel che più ti graverà le spalle,*
> *sarà la compagnia malvagia e scempia*
> *con la qual tu cadrai in questa valle".*

Cacciaguida mi avvertì che gli altri guelfi bianchi mi avrebbero accusato di tradimento, per la mia fiducia nell'imperatore Arrigo VII*, e mi annunciò quello che poi accadde, e cioè che sarebbero stati annientati nella battaglia della Lastra, mentre tentavano stupidamente di riconquistare Firenze. Io, invece, sarei stato ospite di vari signori, tra cui Cangrande della Scala*, a Verona.

La missione del poeta

"Ecco tutto", concluse Cacciaguida con l'aria di chi sta per mettere fine al colloquio.

"Ma senti", insistetti invece io, "nel corso del mio viaggio ho sentito cose che, se le ridico, suoneranno molto amare a un sacco di gente. Cosa devo fare? Io vorrei raccontare il mio viaggio, ma se parlo di queste cose, rischio di inimicarmi molti potenti; e se non ne parlo, la mia opera riuscirà falsa e non potrà piacere agli uomini delle generazioni future".

La luce in cui ardeva Cacciaguida si fece più intensa, poi la sua voce disse: "Chi ha la coscienza sporca, certo che sentirà il morso delle tue parole! Ma tu lascia da parte ogni timidezza e ogni menzogna, e racconta tutto quello che hai visto: e lascia che chi ha la rogna se la gratti.

> *Ma nondimen, rimossa ogne menzogna,*
> *tutta tua visïon fa manifesta;*
> *e lascia pur grattar dov' è la rogna.*

La tua voce sarà sgradita all'inizio, ma poi si rivelerà un insegnamento vitale, e proprio per coloro che si trovano più in alto nella società: giacché tu farai come il vento, che scuote con più forza le cime delle piante più alte".

Con queste parole Cacciaguida rispondeva non solo alla mia domanda diretta, ma anche a quella che avevo fatto a Virgilio all'inizio del mio viaggio. Adesso, infatti, mi era chiara la vera ragione per cui, come a Enea e a san Paolo, mi era stato concesso di visitare l'aldilà: Dio voleva che compissi quel viaggio perché ero un poeta: non era una mia scelta, ma un dovere, raccontare la mia esperienza in un grande poema, per trasmettere a tutti gli uomini il messaggio di verità, di amore, di pace, che da quel viaggio stavo ricavando.

Enciclopedia

Cacciaguida

Il trisavolo di Dante Alighieri nacque a Firenze intorno al 1090 e morì in Palestina nel 1148 circa, durante la seconda Crociata, dopo aver ottenuto il titolo di cavaliere dall'imperatore Corrado III. Le uniche notizie che sappiamo di lui sono quelle forniteci da Dante, che ci permettono comunque di ricostruire l'albero genealogico del poeta.

Bellincion Berti

Di lui sappiamo poco: forse era cavaliere, apparteneva alla nobile famiglia fiorentina dei Ravignani, era sicuramente una figura di spicco nella piccola Firenze dei tempi di Cacciaguida.

Ippolito

Nel mito greco, figlio del re di Atene Teseo (quello del labirinto). Per punirlo di averle preferito Artemide (Diana), la dea Afrodite (Venere) fece innamorare di lui la sua matrigna Fedra: Ippolito la respinse e lei per vendetta dichiarò di essere stata violentata da lui e lo fece mandare in esilio da Teseo.

Arrigo VII

Arrigo o Enrico VII di Lussemburgo nacque nel 1275 e morì nel 1313. Poiché, dalla morte di Federico II di Svevia (1250) il titolo di imperatore era vacante, Arrigo nel 1310 scese in Italia con un esercito, per raggiungere Roma e farsi incoronare dal papa. La sua spedizione suscitò grandi speranze, ma anche forti ostilità, giacché molti comuni e signorie non lo accolsero di buon grado. Arrigo riuscì comunque a raggiungere Roma e nel 1212 fu incoronato, ma l'anno successivo, mentre il suo progetto si rivelava sempre più astratto e velleitario, morì improvvisamente in Toscana. Dante, che aveva riposto in lui molte speranze, gli riserva un seggio in paradiso, ma non lo rappresenta mai nella sua opera.

Cangrande della Scala

Condottiero italiano appartenente alla famosa famiglia (ghibellina) dei signori di Verona, nato nel 1291 e morto nel 1329. Dante fu suo ospite fra il 1312 e il 1318, ma rimase in contatto con lui anche negli anni successivi e gli dedicò il *Paradiso* in una famosa lettera.

COMPRENSIONE

1 **Verifica la comprensione del testo rispondendo alle seguenti domande:**
  - Dove avviene l'incontro fra Cacciaguida e Dante? Perché?
  - Come si presentano le anime in questo cielo? Perché?
  - A quale classe sociale apparteneva Cacciaguida?

2 **Chi era Cacciaguida?**
  - ☐ Il padre di Dante
  - ☐ Il nonno di Dante
  - ☐ Il bisnonno di Dante
  - ☐ Il trisavolo di Dante

ANALISI

1 **Quali sono le caratteristiche per cui Cacciaguida elogia la Firenze del suo tempo? Rispondi cercandole nel testo.**

2 **Cacciaguida contrappone la Firenze antica a quella del tempo di Dante. Sviluppa il confronto completando la seguente tabella:**

Firenze al tempo di Cacciaguida	Firenze al tempo di Dante

3 **Perché Cacciaguida spinge Dante a riflettere sulla nobiltà? Quali sono le idee di Dante in proposito?**

4 **Cacciaguida chiarisce a Dante le profezie sull'esilio che ha sentito nel corso del suo viaggio e dice che all'esilio sono**

legate tre diverse forme di dolore. Individuale nel testo ed elencale.

Primo dolore: ....

Secondo dolore: ....

Terzo dolore: ....

5 **Cacciaguida spiega anche a Dante qual è il suo dovere di poeta. Rispondi alle domande.**
– Che cosa chiede Dante a questo proposito?
– Che cosa risponde Cacciaguida?
– Perché queste parole rassicurano Dante e gli danno la forza di affrontare l'esilio?

LINGUA E STILE

1 **Rileggi i seguenti versi, poi svolgi gli esercizi seguenti.**

*Tu lascerai ogne cosa diletta
più caramente; e questo è quello strale
che l'arco de lo essilio pria saetta.*

Sottolinea le tre parole con valore metaforico presenti nel secondo e nel terzo verso.
– Che cosa vuol dire *diletta*?
– Che cosa vuol dire *strale*?

2 **La *Divina Commedia*, anche nel *Paradiso*, mescola spesso registri stilistici diversi fra loro. Leggi attentamente la seguente frase, poi rispondi alla domanda:**

e lascia pur grattar dov' è la rogna.

L'espressione appartiene al registro:
☐ alto o sublime
☐ medio
☐ basso o volgare

20. La visione di Dio

■ Gli spiriti giusti: Traiano* e Rifeo*

Mentre Cacciaguida tornava al suo posto sulla croce di luce, Beatrice mi si avvicinò per confortarmi ("Non disperare: pensa sempre che io sono accanto a Dio e penso a te!") e per guidarmi verso il cielo superiore, quello di Giove.

Le anime dei beati la cui vita era stata governata dalla virtù della giustizia formavano un'aquila immensa. E l'aquila, pur essendo formata da migliaia di anime, che rilucevano come rubini, mi parlò muovendo il becco e dicendo "io" come se fosse un unico essere vivente.

Mi parlò della giustizia divina e del suo carattere misterioso. Fin da quando avevo visitato il Limbo, il primo cerchio infernale, mi chiedevo perché Dio escluda dalla sua presenza le anime di uomini virtuosi e grandi, la cui unica colpa (se di colpa si può parlare) è di essere vissuti prima di Cristo; e perché i bambini morti prematuramente debbano essere esclusi dalla beatitudine celeste solo per la mancanza del battesimo.

L'aquila non rispose ai miei dubbi, ma mi invitò all'umiltà: a volte la giustizia di Dio appare incomprensibile alle nostre menti limitate, ma non per questo è meno giusta. E soprattutto, come è scritto nel Vangelo, nel giorno del Giudizio molti che invocano Gesù con la lingua e non con il cuore finiranno molto più lontani da Dio di altri che, pur non essendo cristiani, hanno seguito i suoi insegnamenti:

> *"Ma vedi: molti gridan 'Cristo, Cristo!',*
> *che saranno in giudicio assai men prope*
> *a lui, che tal che non conosce Cristo".*

E a conferma di ciò (e di quello che già avevo imparato nel cielo del Sole) mi mostrò, nel proprio occhio, l'anima dell'imperatore romano Traiano e l'eroe troiano Rifeo, entrambi pagani, ma animati da un tale spirito di giustizia da meritarsi un posto in paradiso.

I contemplativi: Pier Damiani* e Benedetto da Norcia*

Nel cielo di Saturno (il settimo) trovammo gli spiriti contemplativi, cioè le anime di coloro che avevano dedicato la vita alla riflessione e alla preghiera. Queste anime assunsero la forma di punti di luce che correvano su e giù lungo una scala d'oro la cui cima si perdeva lassù lassù, quasi invitandoci a salire.

Il primo con cui parlai era Pier Damiani, che mi raccontò della sua vita semplice nel monastero, del suo disagio quando venne nominato cardinale, e del contrasto tra gli apostoli magri e scalzi, che vivevano di elemosine, a cui lui si ispirava, e i prelati moderni, che hanno sempre bisogno di lussi, di agi, di servitori, come se dovessero appoggiarsi a qualcuno, tanto sono grassi!

"Coprono i loro cavalli con l'ampio mantello che indossano, sicché sotto alla stessa pelle vanno due bestie, loro e il destriero: oh pazienza di Dio, fino a quando sopporterai tutto questo?

Cuopron d'i manti loro i palafreni,
sì che due bestie van sott' una pelle:
oh pazïenza che tanto sostieni!".

I PERCHÉ DI DANTE

Perché gli spiriti giusti assumono per Dante la forma di un'aquila?

Inizialmente, le anime del cielo di Giove formano le lettere della parola IVSTITIAM, cioè giustizia in latino. La "m" finale si trasforma poi in un'aquila (la parte centrale diventa il corpo, da cui spuntano la testa e le zampe, le due gambe laterali diventano le ali dell'uccello).

L'aquila è tradizionalmente il simbolo dell'impero: facendo creare agli spiriti giusti questo simbolo, Dante ci fa capire quale funzione attribuiva appunto all'impero – quella di instaurare sulla terra il migliore dei governi possibili, cioè il più giusto.

Alle sue parole tutte le anime emisero un forte grido di sdegno, tanto che io mi spaventai e mi rivolsi a Beatrice in cerca di rassicurazione. Poi un'altra anima mi si avvicinò: era quella di Benedetto da Norcia, che mi raccontò la fondazione del monastero di Montecassino e mi spiegò che la scala d'oro che vedevo era la stessa vista in sogno da Giacobbe*, il figlio di Isacco, a collegare la terra e il cielo.

"Ma oggi", proseguì Benedetto, "nessuno più tenta di salire questa scala, e perfino tra i miei seguaci, i monaci benedettini, la regola che io ho dettato viene trascurata e tutti pensano solo ad arricchirsi. Del resto, san Pietro fondò il suo convento (la Chiesa) senza oro e senza argento, e io il mio ordine con preghiere e digiuni, e san Francesco il suo con umiltà:

> *Pier cominciò sanz' oro e sanz' argento,*
> *e io con orazione e con digiuno,*
> *e Francesco umilmente il suo convento;*

ma se confronti l'inizio del percorso e la situazione attuale, ti accorgerai che tutto va degenerando, se Dio non interviene a correggere le debolezze degli uomini".

◼ Il cielo delle Stelle fisse: Dante "interrogato"

Seguendo Benedetto, Beatrice ed io salimmo lungo la scala e arrivammo al cielo delle Stelle fisse.

"Ecco il trionfo di Cristo!" esclamò Beatrice. E io vidi, fra le innumerevoli luci che avvolgevano le anime dei beati, una luce più forte, come quella della luna piena in mezzo alle stelle – tanto più forte che dovetti chiudere gli occhi.

"Adesso puoi guardarmi", disse ancora Beatrice: e io, come chi si risente da un sogno, l'ammirai per la prima volta in tutto il suo splendore – uno splendore che nessuna lingua umana è in grado di rappresentare.

Tre santi mi si avvicinarono allora per interrogarmi sulle tre virtù teologali, cioè quelle a cui l'uomo non può arrivare con la propria ragione, ma solo con l'aiuto della Grazia divina: san Pietro mi fece domande sulla fede, san Giacomo sulla speranza e san Giovanni sulla carità. Quando io risposi correttamente, tutto il paradiso incominciò a cantare "Gloria al Padre, al Figlio e allo Spirito Santo", inebriandomi con la dolcezza del canto. Mi sembrava che l'universo intero sorridesse e la mia felicità nasceva quindi insieme da ciò che vedevo e da ciò che udivo.

'Al Padre, al Figlio, a lo Spirito Santo',
cominciò, 'gloria!', tutto 'l paradiso,
sì che m'inebrïava il dolce canto.

Ciò ch'io vedeva mi sembiava un riso
de l'universo; per che mia ebbrezza
intrava per l'udire e per lo viso.

I PERCHÉ DI DANTE
Perché Dante viene interrogato sulle tre virtù teologali?
Prima di essere ammesso a vedere Dio, Dante deve dimostrare di avere ben compreso i misteri della fede cristiana. Per questo i tre santi apostoli Pietro, Giacomo e Giovanni lo interrogano, in una vera e propria lezione di catechismo:
— san Pietro lo interroga sulla fede perché è stato il primo a dichiarare a Gesù la propria fede nel fatto che fosse il Messia;
— san Giacomo (sulla cui presunta tomba, a Compostela, in Spagna, era sorto il santuario più importante d'Europa nel Medioevo) lo interroga sulla speranza perché nel Vangelo è spesso testimone di episodi in cui il tema della speranza è centrale;
— san Giovanni lo interroga sulla carità (l'amore disinteressato per il prossimo) perché lui stesso ha simboleggiato questa virtù nel momento della Crocifissione, prendendo il posto di Gesù accanto a Maria.

■ Invettiva di san Pietro

Subito dopo, però, la luce di san Pietro si fece rossa e ne uscirono queste dure parole: "Non meravigliarti se cambio colore, perché quello che sto per dire farà cambiare colore a tutti. Il papa Bonifacio VIII, colui che sulla terra usurpa il mio posto, quel posto che è vacante agli occhi di Cristo, ha trasformato la mia tomba in una fogna disgustosa, per la gioia del malvagio che precipitò da qui per finire in fondo all'inferno, cioè di Lucifero:

> Quelli ch'usurpa in terra il luogo mio,
> il luogo mio, il luogo mio che vaca
> ne la presenza del Figliuol di Dio,
>
> fatt' ha del cimitero mio cloaca
> del sangue e de la puzza; onde 'l perverso
> che cadde di qua sù, là giù si placa".

E qui davvero tutte le anime, compresa Beatrice, cambiarono colore.

"La Chiesa nata dal sacrificio mio e di altri papi martiri come me non era destinata a essere un oggetto di scambio e di compravendita. Non era nostra intenzione che i nostri successori mettessero i cristiani gli uni contro gli altri, né che le chiavi concessemi da Dio diventassero un'insegna da usare in guerra tra cristiani e cristiani. Da quassù si vedono in tutti i pascoli, cioè in tutti i paesi cristiani, lupi rapaci travestiti da pastori: oh giustizia di Dio, perché non intervieni?

> In vesta di pastor lupi rapaci
> si veggion di qua sù per tutti i paschi:
> o difesa di Dio, perché pur giaci?

Ma io so per certo che la Provvidenza interverrà presto; e tu, figliolo, che essendo ancora vivo tornerai giù nel mondo, apri la bocca e non nascondere quello che io ti rivelo".

▨ San Bernardo* e la preghiera alla Vergine

Ero ancora stupefatto per l'improvviso contrasto fra la dolcezza del canto delle anime e la violenza con cui san Pietro aveva inveito contro i papi corrotti, quando lo sguardo di Beatrice mi portò fino al Primo Mobile, il più alto dei cieli, quello da cui tutti gli altri traggono il loro moto. Al di fuori di esso, mi spiegò Beatrice, c'è solo l'Empireo, che è la mente stessa di Dio, pura luce e puro amore.

Qui si trovano i beati e gli angeli, i primi disposti in perfetto ordine intorno a Dio, come altrettanti petali di una candida rosa, i secondi che volano intorno a quel fiore come api intente al loro eterno lavoro. Beatrice mi mostrò il posto già pronto per l'imperatore Arrigo VII e poi raggiunse il suo, lasciandomi in compagnia di un vecchio dall'aspetto venerando, san Bernardo di Chiaravalle.

Costui mi prese per mano e, rivolgendosi alla Madonna, incominciò a pregare così:

I PERCHÉ DI DANTE

Perché Dante viene accompagnato nell'ultimo tratto del viaggio da san Bernardo?

Come Virgilio rappresentava la ragione umana, così Beatrice rappresenta la Grazia divina, la sapienza legata alla teologia. Ma per arrivare a vedere Dio la sapienza filosofica non è sufficiente, ci vuole uno slancio in più, un fervore che solo la figura di un grande mistico come san Bernardo di Chiaravalle poteva garantire a Dante.

San Bernardo, inoltre, nelle sue opere aveva attribuito grande importanza alla figura di Maria, e quindi era il personaggio perfetto per pronunciare la preghiera con cui si chiede alla Vergine di intercedere affinché Dante possa vedere Dio.

Naturalmente, il Bernardo della *Divina Commedia* è "in parte" il Bernardo reale: Dante non inventa nulla, ma tace alcuni aspetti del personaggio storico (per esempio, i suoi incitamenti alla violenza nei confronti di eretici e infedeli).

"Vergine Madre, figlia del tuo figlio,
umile e alta più che creatura,
termine fisso d'etterno consiglio...

Tu che sei nello stesso tempo vergine e madre, che sei insieme figlia di Dio e madre di Dio, che Dio aveva stabilito di creare fin dall'inizio dei tempi, tu sei colei che ha nobilitato la natura umana, nel tuo ventre si è acceso l'amore che ha fatto nascere questo fiore, che ha aperto agli esseri umani le porte del paradiso.

Noi sappiamo bene che per ottenere una grazia il modo migliore, anzi l'unico efficace, è ricorrere a te, che sei buona, pietosa e grande. Ora costui," (e Bernardo indicò me) "che nel corso del suo viaggio ha visto tutte le condizioni delle anime dopo la morte, ti supplica di poter vedere Dio. E io, con tutte queste anime, ti supplico a mia volta che tu glielo conceda".

Gli occhi di Maria si alzarono e Bernardo mi fece cenno perché anch'io guardassi in su, ma non ce n'era bisogno: perché la mia vista riusciva a penetrare quella luce sovrumana e a vedere quello che adesso le mie parole non riescono a esprimere se non in minima parte.

◼ La visione di Dio

Dentro a quella luce vidi nascosto, unito dall'amore, ciò che nell'universo ci si presenta diviso, separato, contraddittorio: era come se vedessi un libro ben rilegato, di cui nella vita cogliamo solo qualche pagina sparsa qua e là. Ah, com'è insufficiente questo che dico, rispetto a quello che vedevo!

Finalmente, in quella luce chiara e profonda, mi apparvero tre cerchi, di uguale dimensione, ma di colore diverso: uno sembrava il riflesso dell'altro, come un arcobaleno riflesso da un altro arcobaleno; e il terzo sembra un fuoco che sgorgasse dai primi due.

Ne la profonda e chiara sussistenza
de l'alto lume parvermi tre giri
di tre colori e d'una contenenza;

e l'un da l'altro come iri da iri
parea reflesso, e 'l terzo parea foco
che quinci e quindi igualmente si spiri.

Al centro mi parve di vedere un volto umano. Ma nel cercare di metterlo a fuoco io ero come un geometra che cercasse di calcolare la quadratura del cerchio, cioè impegnato in un'impresa impossibile. E non ci sarei mai riuscito, se un lampo non avesse percosso la mia mente, illuminandola all'improvviso.

Con questo la mia visione svanì: ma Dio, l'amore che muove l'universo intero, aveva ormai soddisfatto ogni mio desiderio e io ero nella condizione di perfetta beatitudine per cui la mia volontà si adeguava al moto regolare e uniforme degli astri.

A l'alta fantasia qui mancò possa;
ma già volgeva il mio disio e 'l velle,
sì come rota ch'igualmente è mossa,

l'amor che move il sole e l'altre stelle.

Traiano

Fu imperatore romano dal 98 al 117 d.C., durante la fase detta del "principato adottivo" (in cui l'imperatore sceglieva come proprio successore non il figlio, ma un uomo meritevole per carattere e per capacità). Deve la sua importanza storica alla conquista e alla colonizzazione della Dacia (l'odierna Romania), impresa celebrata dal bassorilievo della famosa Colonna Traiana a Roma, che portò l'impero romano a raggiungere la sua massima espansione territoriale. Nel Medioevo era considerato un modello di giustizia, e a questa tradizione fa riferimento Dante. Secondo una leggenda, la sua virtù era talmente eccezionale che, dopo la morte, Dio gli concesse di risorgere il tempo necessario per convertirsi al cristianesimo e guadagnarsi così il paradiso.

Rifeo

Personaggio secondario dell'*Eneide* di Virgilio, è un eroe troiano di cui viene elogiato l'eccezionale senso della giustizia. Anche nel suo caso, secondo Dante, Dio avrebbe fatto un'eccezione: per una Grazia speciale, Rifeo credette nel futuro arrivo di un Messia. Come Adamo, Noè, Abramo e gli altri grandi uomini dell'*Antico Testamento*, alla sua morte finì nel Limbo, ma Gesù, dopo la crocifissione, scese a prenderne l'anima per portarla in paradiso.

Pier Damiani

Nato nel 1007 e morto nel 1072, è un importante teologo, considerato santo dalla Chiesa cattolica. La sua virtù caratteristica è la modestia, ma Dante apprezzava anche il suo vigoroso spirito di riformatore e di moralizzatore della Chiesa.

Benedetto da Norcia

Nato intorno al 480 e morto nel 547 circa, è considerato il santo fondatore del monachesimo in Europa occidentale, giacché l'ordine da lui istituito diventò rapidamente il più importante del Medioevo. La sua regola si riassume nella celebre formula "Ora et labora", cioè "Prega e lavora": i monaci erano infatti tenuti ad alternare momenti di preghiera e attività lavorative (manuali o intellettuali). Grazie al lavoro dei monaci benedettini, molte terre furono strappate alle foreste e alle paludi nel corso del Medioevo; ma, soprattutto, grazie alla loro attività di copiatura, i grandi capolavori della letteratura antica furono conservati e trasmessi agli studiosi dell'età moderna. Dante ricorda il monastero fondato da Benedetto a Montecassino, in Lazio, che per secoli fu uno dei centri di cultura più importanti del Medioevo.

Giacobbe

Figlio di Isacco (e quindi nipote di Abramo), è uno dei patriarchi di Israele, protagonista di molti episodi famosi della *Bibbia*, tra cui quello della scala tra la terra e il cielo a cui si ispira la visione di Dante. Fu marito, in epoche diverse, delle due sorelle Lia e Rachele (vedi pag. 158), che simboleggiano rispettivamente la vita attiva e la vita contemplativa.

San Bernardo

Monaco cistercense nato nel 1090 e morto nel 1153, è uno dei santi più importanti del Medioevo, anche se oggi alcuni aspetti della sua personalità (per esempio l'invito alla violenza contro gli eretici e i musulmani) ci sembrano poco appropriati a un santo. A lui si deve la predicazione della seconda crociata, la fondazione dei Templari (i monaci combattenti che avevano il compito di difendere i pellegrini diretti in Terrasanta) e la scrittura di numerosi testi di carattere mistico (in cui cioè si sostiene che l'unica via per giungere a Dio è la contemplazione e la preghiera). Dante, pur essendo un razionalista e non un mistico, ne fa la sua ultima guida in paradiso proprio perché si rende conto che i misteri più profondi della religione non possono essere affrontati con gli strumenti della ragione e della filosofia.

ATTIVITÀ

COMPRENSIONE

1 **Rispondi alle seguenti domande.**
- Dove si trovano le anime di Traiano e Rifeo?
- Dove si trovano invece Pier Damiani e Benedetto da Norcia?
- Quali sono le virtù teologali su cui Dante viene interrogato?
- Chi accompagna Dante fino alla candida rosa?
- Chi prega la Vergine affinché Dante possa vedere Dio?

ANALISI

1 **Perché Dante si stupisce di vedere in paradiso Traiano e Rifeo? Come si giustifica la loro presenza in quel luogo?**

2 **Nell'incontro con Pier Damiani e con Benedetto da Norcia, Dante lascia da parte i temi politici e si concentra esclusivamente su quelli religiosi. Verifica se questa affermazione è corretta facendo gli opportuni riferimenti al testo.**

3 **Chi interroga Dante, rispettivamente:**
- sulla fede?
- sulla speranza?
- sulla carità?

Come si spiegano queste scelte?

4 **Rileggi attentamente il seguente verso e poi rispondi alle domande:**

Quelli ch'usurpa in terra il luogo mio

- Chi sta parlando?
- Chi è l'usurpatore a cui si fa riferimento?
- Che cos'è "il luogo mio"?
- Come si spiega questo severissimo giudizio?

5 Perché nell'ultimissima parte del viaggio Beatrice viene sostituita come guida di Dante da san Bernardo?

6 Perché Bernardo si rivolge alla Vergine? Che cosa le chiede?

7 Come viene rappresentato Dio da Dante?
- ☐ Come un cerchio di tre colori
- ☐ Come tre cerchi con al centro un volto umano
- ☐ Come tre arcobaleni che si riflettono l'un l'altro
- ☐ Come una palla di fuoco

LINGUA E STILE

1 Che cosa intende Dante con la parola "carità"? Rispondi con l'aiuto di un buon dizionario, tenendo conto di quanto hai imparato leggendo il testo.

2 L'*ossimoro* è una immagine in cui convivono elementi tra loro contraddittori. Individua i tre ossimori presenti nei seguenti versi della preghiera alla Vergine e motiva le tue scelte.

Vergine Madre, figlia del tuo figlio,
umile e alta più che creatura,
termine fisso d'etterno consiglio...

	Ossimoro	Spiegazione
1		
2		
3		

Epilogo

È morto?

Sembra di sì. Ha smesso di tremare, vedi. Sentigli il cuore.

Sì, è proprio morto. Guarda che strano sorriso ha sul volto.

Tutti i morti ce l'hanno, non vuol dire niente.

Mah, a me sembra che lui ce l'avesse già da qualche ora.

Ti assicuro, non aveva proprio niente da sorridere. Se c'è qualcuno che ha avuto una vita d'inferno, è proprio questo fiorentino!

E quel nome che continuava a borbottare? Beatrice?

Una vecchia storia, sembra, un amore di gioventù. Irrealizzato, dicono: lei non l'ha mai neanche guardato, era sposata a un altro.

Che vitaccia!

Puoi dirlo: sarà stato anche un grande poeta, ma non gliene è andata bene una: esiliato dalla sua città, perseguitato dal papa, deluso dall'imperatore... Un bel fallimento, tutto sommato.

Che almeno riposi in pace.

Questo sì: i poeti, anche quelli più famosi in vita, vengono subito dimenticati, appena muoiono, e nessuno si occupa più di loro. Scommetto quello che vuoi, fra dieci anni di questo Dante non si ricorderà neppure il nome...

Vita e opere di Dante

■ *La giovinezza e le prime esperienze*

Dante Alighieri nacque a Firenze nel 1265. Non conosciamo la data precisa, ma Dante stesso, nel *Paradiso*, dice di essere nato sotto il segno dei Gemelli, cioè tra la fine di maggio e la fine di giugno. La famiglia apparteneva alla **fazione guelfa** e, pur essendo nobile, era in condizioni economiche modeste. Intorno ai vent'anni, Dante sposò Gemma Donati, appartenente a una delle famiglie guelfe più illustri di Firenze. Il matrimonio, ovviamente, era stato combinato dai genitori.

Pochi anni dopo, nel 1289, Dante prese parte alla **battaglia di Campaldino**, combattendo contro i ghibellini alleati di Arezzo. Nello stesso anno combatté contro Pisa, partecipando all'assedio della fortezza di Caprona. La giovinezza di Dante trascorse dunque in una città e in una regione dominate da violentissime lotte tra fazioni e tra città rivali.

La casa di Dante a Firenze

■ *La formazione culturale*

Sappiamo poco degli studi compiuti da Dante. Tra i suoi maestri, lui stesso attribuisce un ruolo molto importante a **Brunetto Latini**, un intellettuale allora famoso in tutta Europa per i suoi studi sull'arte retorica applicata alla politica. Quasi certamente Brunetto mise Dante in contatto con la letteratura francese, a cui si ispirarono alcune delle prime opere di Dante.

Dante frequentò anche le lezioni di filosofia e di teologia all'università (sicuramente a Firenze, forse anche a Bologna) e fu amico di musicisti e artisti del suo tempo. **Firenze** era uno dei centri culturali più importanti d'Europa, nella seconda metà del Duecento, e la vita letteraria era vivacissima. Dante incominciò molto presto a scrivere versi, ispirandosi a **Guittone d'Arezzo**, il più grande poeta toscano della generazione precedente la sua. Agli anni della giovinezza risalgono sicuramente anche i rapporti di amicizia con altri poeti come **Guido Cavalcanti** e **Lapo Gianni**.

Fu proprio Guido a diffondere a Firenze un nuovo modo di fare poesia nato a Bologna grazie a Guido Guinizzelli. Dante, nella *Commedia*, chiamerà questo modo di fare poesia "dolce stil novo" e ne diverrà l'esponente principale.

■ *Il primo capolavoro: la* Vita nuova

Dante si affermò sulla scena letteraria poco prima dei trent'anni, con un libro che costituisce il suo primo capolavoro: la **Vita nuova**, scritto tra il 1290 e il 1294. In questo libro Dante inserì una parte delle poesie liriche scritte fino a quel momento, collocandole all'interno di una narrazione in prosa di carattere romanzesco.

La *Vita nuova* ha inizio con il primo incontro fra il poeta e **Beatrice**, la donna che diventerà per Dante simbolo della perfezione dell'amore e della bellezza femminile, avvenuto quando entrambi avevano nove anni. A partire da questo incontro Dante elabora a poco a poco una nuova concezione dell'amore: Dante infatti sente che il suo sentimento per Beatrice è per lui un'occasione di elevazione intellettuale e spirituale; Beatrice stimola in Dante il desiderio di studiare e di farsi onore con la poesia, e nello stesso tempo diventa a poco a poco una **donna-angelo** capace di avvicinare l'uomo che la ama a Dio. L'amore di Dante subisce un fiero colpo quando Beatrice muore, ma non viene meno per questo: Beatrice, dal paradiso, diventa la guida che aiuta Dante a superare lo sconforto e a trovare le energie per nuovi progetti intellettuali e poetici – e nella *Divina Commedia* ricomparirà, come anima beata, per guidare Dante attraverso i cieli.

■ *Le* **Rime**

La *Vita nuova* è il capolavoro giovanile di Dante e il testo più importante dello stilnovo. L'attività poetica di Dante, prima e durante la stesura della *Vita nuova*, non si limita però all'esperienza stilnovistica. Tutta la ricerca intellettuale e letteraria di Dante è infatti segnata da un **atteggiamento** **sperimentale**, che spinge il poeta a praticare forme, temi e linguaggi sempre differenti. Così, mentre da un lato (nella *Vita nuova*) Dante svolge la sua ricerca all'insegna della "dolcezza", e usa quindi parole prive di suoni aspri, una sintassi semplice e "naturale", dall'altro scrive poesie in stile comico, ricorrendo a espressioni plebee e a metafore volgari, scambiandosi allegri insulti con l'amico Forese Donati; e dall'altro ancora (nelle cosiddette "**rime petrose**") sperimenta la ricerca di suoni aspri, di rime insolite, di costruzioni sintattiche difficili e intricate, per esprimere la sofferenza di un amore infelice.

■ *L'impegno politico*

Nel 1295 furono aboliti a Firenze i divieti che impedivano ai nobili di partecipare alla vita politica del Comune. Dante iniziò così una brillante carriera, che nel 1300 lo portò a ricoprire una carica molto importante, quella di **priore**. Questa esperienza fu però all'origine della sua rovina: Firenze infatti era nuovamente travagliata dalle lotte civili – non più tra guelfi e ghibellini (questi ultimi erano stati definitivamente sconfitti), bensì tra due fazioni formatesi all'interno del partito guelfo: i **Bianchi** e i **Neri**, capitanati rispettivamente dalle potenti famiglie dei **Cerchi** e dei **Donati**. Dante, pur essendo imparentato con i Donati, si schierò con i Bianchi. Nell'autunno del 1301 il poeta partì per una missione diplomatica a Roma, ma durante la sua assenza il papa Bonifacio VIII riuscì a imporre il governo dei Neri, che condannarono Dante prima all'**esilio** e a una multa, poi a morte.

Statua di Dante Alighieri a Napoli

Gli anni dell'esilio

Incominciava così la seconda parte della vita di Dante. Di questo periodo senza dubbio difficilissimo possediamo notizie incomplete e frammentarie. Probabilmente, negli anni tra il 1302 e il 1304 il poeta partecipò alle iniziative diplomatiche e militari dei fuoriusciti bianchi per tornare a Firenze, sia pure con gravi riserve sulle loro scelte, specialmente sull'alleanza con gli esuli ghibellini. Ma nel 1304, nella **battaglia della Lastra** (una località a pochi chilometri da Firenze), i Bianchi furono sconfitti in modo definitivo. Dante perse la speranza di tornare nella sua città e si rassegnò a una vita errabonda, ospite di signori più o meno potenti, presso i quali svolse diversi incarichi, dalla compilazione di documenti ufficiali alle missioni diplomatiche. Lui che era stato un tipico intellettuale dell'epoca comunale, impegnato nella vita della sua città, si adattò alla nuova epoca, quella signorile, in cui gli intellettuali non facevano più politica in prima persona, ma collaboravano con i veri potenti.

Il Convivio

Gli anni dell'esilio furono molto fecondi dal punto di vista letterario. Dante intraprese infatti i progetti del *Convivio* e del *De vulgari eloquentia*, scrisse il trattato politico *Monarchia* e (probabilmente a partire dal 1308) si dedicò al capolavoro, la *Commedia*. Il *Convivio* è il secondo grande progetto letterario di Dante, dopo la *Vita nuova*. Anch'esso si basa su una mescolanza di **poesia e prosa**, dato che ogni libro si apre con una lunga poesia di argomento scientifico e filosofico, seguita da un testo in prosa: il *Convivio* è un'opera divulgativa scritta per chi non conosceva il latino, ma resta incompiuta perché Dante concentra le energie sul nuovo progetto, quello della *Commedia*.

I trattati latini

Negli stessi anni (i primi del Trecento) in cui elabora il *Convivio*, Dante scrive due importanti trattati in latino. Il *De vulgari eloquentia* è un trattato di argomento **linguistico**, in cui l'autore riflette sullo stile delle sue poesie. La *Monarchia* è un trattato di argomento **politico**, in cui Dante sostiene l'importanza dell'impero e del papato e analizza le cause della loro crisi: secondo Dante, la crisi era dovuta soprattutto al fatto che papa e imperatore non accettavano la netta separazione fra **potere spirituale** (quello del papa) e **potere temporale** (quello dell'imperatore).

■ *Il sogno imperiale*

Tra il 1310 e il 1313, durante la spedizione in Italia di **Arrigo VII di Lussemburgo**, Dante lottò con impegno per aiutare il principe a ottenere il titolo di imperatore, sperando in tal modo di porre termine alla sua condizione di esule e alla profonda crisi in cui versava l'Italia. Scrisse all'imperatore una lettera, forse lo incontrò di persona, ma anche questa speranza svanì, nel 1313, con l'improvvisa morte di Arrigo.

Negli anni successivi Dante trovò ospitalità a **Verona**, presso **Cangrande della Scala**, e gli dedicò il *Paradiso* con una famosissima lettera. Nel 1315 il poeta ricevette da Firenze un ultimo invito alla riconciliazione, estremamente umiliante: per poter rientrare nella città, avrebbe dovuto pagare una multa e chiedere pubblicamente scusa, attraversando tutta Firenze vestito di un saio e con in testa una mitria, alla stregua di un eretico o di un malfattore. Dante rifiutò e le condanne all'esilio, alla morte e alla confisca dei beni vennero perciò confermate e anzi estese anche ai figli del poeta.

■ *La morte*

Tra il 1319 e il 1321 Dante fu ospite a **Ravenna** presso la corte di **Guido Novello da Polenta**. Nel 1321 si recò a Venezia per una missione diplomatica: durante il viaggio di ritorno, attraversando le paludi di **Comacchio**, si ammalò di febbri malariche e morì, appena rientrato a Ravenna, nella notte fra il 13 e il 14 settembre. L'*Inferno* e il *Purgatorio* erano stati già pubblicati, il *Paradiso*, appena completato, venne diffuso subito dopo la morte del poeta.

LE DATE DA RICORDARE

1265	nasce a Firenze
1285	sposa Gemma Donati
1289	partecipa alla battaglia di Campaldino e all'assedio di Caprona
1290	morte di Beatrice
1294	pubblica la *Vita nuova*
1295	inizia l'attività politica
1300	è priore di Firenze
1301	inizia l'esilio
1304	battaglia della Lastra
1313	morte di Arrigo VII
1314	pubblica l'*Inferno*
1315	pubblica il *Purgatorio*
1321	completa il *Paradiso* e muore a Ravenna

LE OPERE PIÙ IMPORTANTI

Opere in volgare
Rime (1283-1307)
Vita nuova (1290-1294)
Convivio (incompiuta) (1304-1307)
Commedia (1308-1321)

Opere in latino
De vulgari eloquentia (incompiuta) (1304-1305)
Monarchia (data incerta)
Lettere (1303-1321)

La Divina Commedia

■ Un poema allegorico ed enciclopedico

La *Commedia* (l'aggettivo "Divina" fu attribuito all'opera dai suoi ammiratori, non per il contenuto, ma per la bellezza) è un poema allegorico ed enciclopedico. Che cosa significa questa definizione? Analizziamone i vari termini:

— La *Divina Commedia* è un poema perché è scritta interamente in versi, al contrario della *Vita nuova* e del *Convivio*, che alternavano versi e prosa. Dante sceglie i versi endecasillabi e li raggruppa in terzine, cioè in strofe di tre versi ciascuna (il tre è uno dei numeri ricorrenti, nella *Commedia*, perché simboleggia la Trinità, cioè Dio Padre, Figlio e Spirito Santo); le rime dei versi sono "incatenate", nel senso che la rima centrale di ogni terzina rima con il primo e il terzo verso della terzina seguente: ABA BCB CDC DED...).

— La *Divina Commedia* è un poema allegorico perché tutti gli elementi del racconto hanno sia un significato letterale, sia un significato simbolico. Per esempio, all'inizio della vicenda Dante si trova smarrito in una selva oscura, che è nello stesso tempo una foresta (con le piante, gli animali feroci, ecc.) e un simbolo del peccato; **Virgilio**,

l'anima che accorre a salvare Dante, è nello stesso tempo il grande poeta latino autore dell'*Eneide* e il simbolo della ragione umana; e così via. L'intera opera costituisce una grande allegoria: il viaggio di Dante è infatti metafora del viaggio che l'umanità intera deve intraprendere per purificarsi e recuperare il rapporto con Dio.

— La *Divina Commedia* è un poema enciclopedico perché Dante, nel raccontare la storia, affronta moltissimi argomenti diversi, parla cioè di tutta la realtà del suo tempo — nella *Commedia* troviamo la politica, la società, l'economia, la scienza, la religione, la poesia e l'arte, la psicologia, ecc. Anche il *Convivio*, come ricorderai, aveva un carattere enciclopedico: la nuova opera non contraddice quindi quella che viene abbandonata, ma ne riprende alcuni aspetti all'interno di un progetto più grandioso.

■ Il viaggio nell'aldilà

La *Divina Commedia* racconta il viaggio compiuto da Dante nell'inferno, nel purgatorio e nel paradiso, cioè nei tre "regni" in cui secondo la religione cristiana possono finire le anime dopo la morte: nell'inferno si trovano i peccatori che non si sono pentiti delle loro colpe e sono quindi condannati per l'eternità; nel purgatorio si trovano invece i peccatori pentiti, che espiano le loro colpe in attesa di salire in paradiso; e in paradiso si trovano ovviamente le anime dei santi e dei beati.

Dante compie il suo viaggio nel 1300, cioè

a trentacinque anni, l'età che secondo le teorie del suo tempo coincideva con la metà esatta della vita umana. Inoltre il 1300 era stato dichiarato dal papa "Anno Santo": a tutti coloro che avessero compiuto un pellegrinaggio a Roma sarebbero stati perdonati i peccati; il viaggio di Dante (che si svolge durante la settimana di Pasqua) è anch'esso un pellegrinaggio e si inserisce in un contesto particolare, che ne accentua il valore.

Dante è accompagnato da varie "guide": la prima è Virgilio, il grande poeta latino che Dante considerava un maestro di stile e anche un anticipatore del cristianesimo, per alcune frasi che nel Medioevo venivano interpretate come vere e proprie profezie della nascita di Gesù; la seconda è Beatrice, la donna amata da Dante in gioventù e cantata nella *Vita nuova*: Virgilio accompagna Dante nell'inferno e nel purgatorio, **Beatrice** lo affianca invece

in paradiso. Accanto a queste due guide principali ve ne sono altre di minore importanza: ricordiamo qui san Bernardo di Chiaravalle, che aiuta Dante nell'ultima

tappa del viaggio, quando il poeta riesce a levare gli occhi fino a vedere Dio.

■ *Il cosmo di Dante*

Seguendo le teorie del suo tempo, Dante immagina che la terra si trovi al centro dell'universo, circondata da una serie di sfere concentriche, che ruotano portando su di sé i vari pianeti e le stelle del firmamento. Sulla terra, l'emisfero nord è occupato dalle terre, quello sud dagli oceani.

Al centro delle terre emerse si trova Gerusalemme, la città santa per eccellenza, e proprio sotto Gerusalemme si spalanca l'immensa voragine dell'inferno, che arriva (restringendosi a poco a poco) fino al centro della terra. Qui si trova Lucifero, l'angelo un tempo più bello e saggio, che si è ribellato a Dio ed è stato trasformato in un mostro orrendo e istupidito, simbolo del male assoluto.

Dante e Virgilio, dopo essere scesi di cerchio in cerchio fino in fondo all'inferno, percorrono lo stretto cunicolo creato da Lucifero cadendo dal cielo e arrivano sulla spiaggia di un'isola che si trova esattamente agli antipodi di Gerusalemme: è l'isola del purgatorio, un'immensa montagna, fatta a forma di piramide a gradoni, sulle cui cornici si trovano le anime che soffrono per espiare i loro peccati. In cima al purgatorio si trova il paradiso terrestre, il meraviglioso giardino in cui Dio aveva collocato Adamo ed Eva prima del peccato originale.

Nel paradiso terrestre Dante incontra Beatrice, mentre Virgilio scompare, e insieme a lei sale al cielo. Attraversa a una a una tutte le sfere che circondano la terra, incontrando le anime dei beati, e arriva fino all'Empireo, cioè allo spazio aperto al di fuori dei cieli, dove si trova Dio.

■ L'ordine dell'universo

L'universo descritto da Dante è, come si vede, un universo perfettamente ordinato: esso è stato creato da Dio all'inizio dei tempi sulla base di un progetto razionale e immutabile, e Dante spiega questo progetto man mano che il suo viaggio procede e lui capisce come sono fatti i vari luoghi che visita.

Per Dante (e per i suoi contemporanei, naturalmente) è importante questa visione del mondo, che a noi sembra frutto di fantasia: l'ordine dell'universo, infatti, conferma secondo lui la visione cristiana. L'aspetto scientifico e quello morale per Dante sono strettamente uniti, ogni elemento della creazione è ricco di significati simbolici che ci insegnano a capire cosa è bene e cosa è male, cioè ad adeguarci alla volontà di Dio. Così, per esempio, i dannati sono messi nell'inferno a seconda della gravità del loro peccato – i peccatori più gravi sono più lontani da Dio, cioè dal cielo, e più vicini a **Lucifero**, cioè al centro della terra;

le anime del purgatorio, al contrario, man mano che si liberano dai peccati più gravi salgono verso l'alto, cioè verso il cielo.

La struttura del poema dantesco rispecchia questo ordine divino: la *Commedia* è divisa in tre parti dette cantiche ed è scritta in terzine per simboleggiare la Trinità; i canti (cioè i capitoli in cui è diviso il poema) sono cento, numero che simboleggia la totalità (33 per ciascuna cantica, più 1 di introduzione generale); e così via.

■ La realtà terrena

A questo ordine perfetto, giusto e immutabile, stabilito da Dio una volta per tutte, si contrappone la realtà terrena, fatta di lotte, scontri, guerre... Pur svolgendosi tutto nell'aldilà, il poema di Dante parla continuamente dell'aldiquà, perché le anime (anche quelle dei beati) non sono affatto disinteressate a ciò che avviene sulla terra, anzi scambiano continuamente con Dante impressioni, informazioni e giudizi.

La *Divina Commedia* è dunque un poema politico, sia perché spesso si parla di vicende politiche (guelfi e ghibellini, Bianchi e Neri, papa e imperatore, re e comuni...), sia perché Dante rappresenta i principali fenomeni sociali ed economici del suo tempo anche quando apparentemente parla di altro (di amore, di religione, di scienza, ecc.). Per esempio, quando si parla di **san Francesco**, Dante non accenna neppure alle leggende sulla vita del santo, ma insiste sulla sua povertà, in polemica con la mentalità mercantile che si era affermata al suo tempo e che metteva in crisi i valori cristiani

tradizionali. Quando incontra personaggi femminili, Dante sottolinea spesso la violenza di cui le donne erano vittime e ci svela quindi un aspetto della realtà sociale duecentesca e trecentesca.

■ *Dante e la politica*

Dante è ben consapevole dei due grandi fenomeni politici del suo tempo: da un lato la crisi dell'aristocrazia feudale e l'avvento delle nuove classi mercantili; dall'altro la crisi dei comuni (strettamente legata alla crisi del papato e dell'impero) e l'avvento delle signorie e degli stati nazionali.

Il suo atteggiamento è critico: la mentalità mercantile, come si è detto, gli appare contraria ai valori del cristianesimo; ed è convinto che impero e papato siano istituzioni provvidenziali, volute da Dio per garantire rispettivamente la felicità degli uomini sulla terra e la salvezza delle loro anime.

Naturalmente, man mano che la stesura del poema procede, la visione delle cose di Dante si modifica, le sue esperienze si fanno sempre più ricche e articolate. Nell'*Inferno*, quindi, l'attenzione è ancora

concentrata soprattutto su Firenze e sulle sue lotte intestine; nel *Purgatorio* il quadro si allarga all'Italia e alle lotte fratricide tra i vari comuni e tra i vari signori; nel *Paradiso*, infine, Dante parla di impero e papato, criticando apertamente chi si oppone a queste due istituzioni.

■ *La missione del poeta*

Quando si dice che la *Divina Commedia* è un poema politico non si intende solo che tra i suoi personaggi troviamo i protagonisti di un secolo di storia italiana ed europea. Il termine politica, in Dante, va inteso nel suo significato originario (da "polis"): è politico tutto ciò che riguarda la vita degli esseri umani intesi come collettività – che si tratti degli abitanti di Firenze o dell'umanità intera.

Dante Alighieri in una miniatura del XIV secolo

È in questo senso che Dante attribuisce al suo poema una funzione politica: il suo compito di poeta consiste nell'indicare all'umanità intera la strada del bene, correggendo gli errori e indicandone le cause. Nel *Paradiso*, prima Cacciaguida e poi addirittura san Pietro spiegano a Dante che proprio per questo gli è stato concesso di compiere il suo viaggio straordinario: perché, tornando sulla terra, dovrà raccontare quello che ha visto e udito, in maniera da suscitare nei lettori un profondo rinnovamento spirituale, un riavvicinamento a Dio, alla verità e al bene. Dante indica naturalmente nei peccati (superbia, invidia, avidità, ecc.) le cause della crisi del suo tempo. E in questo può apparire lontano dalla nostra sensibilità, legato a un'epoca e a una mentalità inevitabilmente superate. Ma ciò che rende ancora vivo il poema dantesco è, oltre alla forza visionaria con cui l'autore racconta il suo viaggio e i suoi incontri, la straordinaria forza espressiva dello stile.

■ *La mescolanza degli stili*

Per comprendere tutta l'originalità stilistica della *Commedia* bisogna pensare alla "teoria degli stili" elaborata dagli studiosi di retorica molto prima di Dante e ancora viva al suo tempo. Secondo questa teoria, lo stile doveva essere adeguato al contenuto del testo, quindi:

– un testo di argomento solenne, di contenuti nobili e importanti, come un poema epico o una tragedia, doveva essere scritto in uno stile elevato, ricercato, difficile;

– un testo che parlasse di argomenti più vicini alla vita quotidiana, o di sentimenti come l'amore, doveva essere scritto in uno stile medio, più semplice e naturale;

– un testo di carattere comico, infine, per esempio una commedia, doveva usare uno stile basso, umile, ricco di elementi plebei, volgari.

Dante, nelle opere precedenti la *Commedia*, aveva rispettato queste "regole": nella *Vita nuova*, per esempio, aveva adottato uno stile "dolce", cioè medio, adatto per parlare di amore; nel *Convivio*, dove gli argomenti erano più elevati e complessi, aveva adottato uno stile "illustre", cioè tragico, sublime; nelle *Rime*, come abbiamo già detto, il suo stile cambia a seconda dell'argomento: è basso nelle rime di argomento comico, aspro in quelle dove si parla di amore doloroso e così via.

Il titolo *Commedia* farebbe pensare che nel suo capolavoro Dante abbia adottato lo stile comico, basso, tipico appunto delle commedie. Invece la *Commedia* si caratterizza per la mescolanza dei vari stili: Dante utilizza nel suo poema tutti i registri della lingua, dal più umile e volgare al più raffinato e sublime. E questa mescolanza non è legata al momento del viaggio: non troviamo cioè lo stile basso nell'*Inferno* e lo stile sublime nel *Paradiso*. Anche nell'*Inferno*, accanto alle parolacce dei diavoli, agli sberleffi dei dannati, alle rime "aspre e chiocce" che il poeta usa per descrivere il paesaggio roccioso e ostile che lo circonda, troviamo esempi di linguaggio filosofico e teologico, per esempio in certe spiegazioni di Virgilio; e nel *Paradiso*, accanto allo stile sublime di Beatrice, troviamo in bocca a san Pietro parole come "cloaca", "puzza" e simili, che appartengono ovviamente al registro basso della lingua.

■ *Dante padre della lingua italiana*

Nella *Commedia* Dante abbandona quindi l'idea che un'opera dovesse adottare uno stile ben preciso. Per questo i critici parlano di "pluristilismo", per indicare come nella stessa opera e in molti casi nello stesso canto, nello stesso episodio, convivano registri diversi fra loro.

Grazie a questa libertà stilistica, nel capolavoro di Dante trovano spazio anche quelle parole che il poeta aveva rifiutato o condannato in precedenza: per esempio le forme dialettali, che spesso caratterizzano un personaggio, o i giochi di parole, a cui il poeta si abbandona in alcuni momenti. La *Commedia* è ricca anche di neologismi, cioè di parole che Dante inventa per esprimere sinteticamente concetti che altrimenti avrebbero richiesto una perifrasi (per esempio, "insusarsi", cioè salire verso l'alto; "immillarsi", cioè riflettersi all'infinito; ecc.). Per questa sua ricchezza straordinaria, tanto più eccezionale se paragonata alle altre opere della stessa epoca, la *Commedia* è il fondamento della letteratura italiana e Dante è giustamente detto il "padre" della nostra lingua.

Incipit della *Divina Commedia*

Intervista all'illustratrice

Com'è nata la tua passione per il disegno?

Il disegno mi ha appassionata a partire dalle prime letture di fiabe e racconti: mi piaceva vedere "tradotto" in immagine il testo che stavo leggendo. Fortunatamente sono riuscita a sviluppare questa mia passione fino a farla diventare il mio lavoro. Diciamo che l'illustrazione è cresciuta con me... e io cresco con lei!

Che cosa caratterizza il tuo stile?

È difficile autovalutarsi. Credo che il mio stile sia caratterizzato dall'immediatezza nella lettura dell'immagine. Mi piace suggerire al lettore gli elementi utili a interpretare il testo per poter contestualizzare al meglio ciò che si sta leggendo. Tecnicamente sono passata, negli anni, da pennelli e carta "veri" a quelli digitali, trovando in questo mezzo tecnologico infinite possibilità di espressione.

Qual è la regola per essere un bravo illustratore?

Osservare il mondo a 360 gradi, essere curiosi e desiderosi di conoscere e approfondire, non fermandosi a quello che si è già fatto ma continuando a cercare nuovi stimoli e nuove strade, perché c'è sempre un modo diverso e nuovo per raccontare le stesse storie...

Sei anche una buona lettrice?

Passo a leggere gran parte del mio tempo libero, ma ahimè, non è mai abbastanza! Amo i libri che non hanno un lieto fine, che mi lasciano tante domande e poche certezze. Amo quei testi che, letti una seconda volta, mi "svelano" qualcosa in più rispetto alla prima lettura!

Che cosa ti ha colpito di questo romanzo?

Generalmente il primo approccio con Dante lo si ha dietro ai banchi di scuola, quando viene "imposto" come libro di testo. In quel contesto è difficile rendersi conto con che capolavoro di fantasia e visionarietà si ha a che fare. In questo romanzo Alberto Cristofori, il curatore, ha saputo raccontare uno dei testi più belli al mondo con semplicità, mantenendo intatta l'incredibile atmosfera della *Divina Commedia*.

Che libro consiglieresti a noi ragazzi?

Consigliare un solo libro è impossibile! Ma se proprio ne devo nominare soltanto uno, è sicuramente *La fattoria degli animali* di George Orwell perché è un libro che spinge il lettore a pensare sempre con la propria testa.

Un messaggio importante:

Inviterei i ragazzi a pensare sempre in modo creativo, anche se non si vuole diventare illustratori, e soprattutto a costruire, liberi da preconcetti, il proprio futuro con ingegno e fantasia.

Indici analitici

**I perché di Dante
(nell'ordine in cui si trovano nel libro)**

Capitolo 2
- *Perché Dante compie il suo viaggio nella primavera del 1300?* 10
- *Perché nessuno è mai uscito vivo dalla selva oscura?* 11
- *Perché Dante sceglie come guida Virgilio?* 13
- *Perché la lupa, dopo mangiato, ha più fame di prima?* 14
- *Perché Dante può compiere il suo viaggio eccezionale?* 16

Capitolo 3
- *Perché Dio ha creato l'inferno?* 20
- *Perché Dante è così severo nei confronti degli ignavi?* 22
- *Perché le anime si affollano per salire sulla barca di Caronte?* 24
- *Perché i bambini non battezzati sono nel Limbo?* 27
- *Perché il Saladino è in disparte?* 29

Capitolo 4
- *Perché i lussuriosi sono trascinati per l'eternità da una tempesta?* 34
- *Perché Dante mescola personaggi storici e personaggi letterari?* 35
- *Perché la tempesta lascia momentaneamente tranquilli Paolo e Francesca?* 36
- *Perché il marito di Francesca è condannato alla Caina?* 38
- *Perché Dante si commuove alla storia di Paolo e Francesca?* 40

Capitolo 5
- *Perché la gola è una colpa così grave?* 46
- *Perché l'inferno è diviso in alto inferno e basso inferno?* 49
- *Perché a Virgilio per entrare nel basso inferno serve l'aiuto di un angelo?* 50
- *Perché Farinata e Cavalcanti sono fra gli eretici?* 52
- *Perché i dannati non conoscono il presente?* 53

Capitolo 6
- *Perché la tirannide è più grave dell'omicidio?* 60
- *Perché il suicidio è da Dante considerato un grave peccato?* 61
- *Perché gli scialacquatori sono considerati violenti come i suicidi?* 63
- *Perché i sodomiti sono puniti tra i violenti?* 64

Capitolo 7
- *Perché i simoniaci si chiamano così?* 70
- *Perché i barattieri sono maestri d'inganni?* 74
- *Perché i ladri sono puniti dai serpenti?* 76

Capitolo 8
- *Perché Ulisse è condannato all'inferno?* 81
- *Perché Ulisse si rimette in viaggio?* 83
- *Perché il viaggio di Ulisse è "folle"?* 84
- *Perché Guido si lascia convincere da Bonifacio VIII?* 85
- *Perché Dante usa spesso le parolacce?* 88

Capitolo 9
- *Perché Anteo non è incatenato come gli altri giganti?* 93
- *Perché Pisa ha commesso un'ingiustizia nei confronti di Ugolino?* 97
- *Perché Dante mette all'inferno l'anima di persone ancora vive?* 98

Capitolo 10
- *Perché Lucifero, oltre che cattivo, è brutto e stupido?* 102
- *Perché Bruto e Cassio sono considerati da Dante colpevoli quasi come Giuda?* 104

Capitolo 11
- *Perché le quattro stelle erano state viste solo da Adamo ed Eva?* 111
- *Perché Catone, pur essendo un suicida, non è all'inferno?* 114
- *Perché Virgilio cinge Dante con un giunco?* 115
- *Perché Casella ha dovuto aspettare per arrivare in purgatorio?* 117
- *Perché Catone rimprovera le anime?* 118

Capitolo 12
- *Perché Virgilio si rattrista?* 122
- *Perché le preghiere dei vivi aiutano i defunti?* 125
- *Perché Virgilio rimprovera la curiosità di Dante?* 127

Capitolo 13
- *Perché entrando nel purgatorio è proibito guardarsi alle spalle?* 135

Indici analitici

- *Perché all'ingresso e all'uscita di ogni cornice ci sono "storie esemplari"?* 138
- *Perché gli invidiosi hanno le palpebre cucite con filo di ferro?* 140
- *Perché Marco Lombardo parla delle stelle?* 142

Capitolo 14
- *Perché Dante sogna la "femmina balba"?* 147
- *Perché Virgilio ha aiutato Stazio a convertirsi?* 148
- *Perché Bonagiunta riconosce la superiorità di Dante?* 151

Capitolo 15
- *Perché Beatrice rimprovera severamente Dante?* 162

Capitolo 16
- *Perché Beatrice fornisce spesso a Dante spiegazioni scientifiche?* 170
- *Perché Piccarda fu rapita dal convento?* 172
- *Perché le anime si fanno incontro a Dante man mano che lui sale nei vari cieli?* 173

Capitolo 17
- *Perché le anime si illuminano quando Dante si rivolge loro?* 178

- *Perché Dante rappresenta Giustiniano in maniera "parziale"?* 179
- *Perché secondo Dante l'imperatore Costantino ha sbagliato?* 180

Capitolo 18
- *Perché Tommaso presenta per ultimo un suo accanito avversario?* 187
- *Perché Dante insiste sulla povertà di Francesco?* 190
- *Perché Dante usa spesso metafore guerresche parlando di san Domenico?* 192
- *Perché i francescani hanno tradito il messaggio di san Francesco?* 193

Capitolo 19
- *Perché Cacciaguida chiede a Dante di parlare ad alta voce?* 202
- *Perché in Dante la riflessione sulla nobiltà è un tema importante e ricorrente?* 204
- *Perché Dante dopo l'esilio ruppe i rapporti con gli altri guelfi bianchi?* 206

Capitolo 20
- *Perché gli spiriti giusti assumono per Dante la forma di un'aquila?* 212
- *Perché Dante viene interrogato sulle tre virtù teologali?* 214
- *Perché Dante viene accompagnato nell'ultimo tratto del viaggio da san Bernardo?* 216

Indici analitici

**Voci Enciclopedia
(in ordine alfabetico)**

Agamennone e Ifigenia 183
Aglauro 143
Antenòra 100
Anteo 100
Arnaut Daniel 154
Arpie 65
Arrigo VII 208
Beatrice 163
Belacqua 130
Belisario 183
Bellincion Berti 208
Benedetto da Norcia 219
Bocca degli Abati 100
Bonagiunta Orbicciani 154
Bonaventura da Bagnoregio 197
Brunetto Latini 65
Bruto e Cassio 107
Cacciaguida 208
Caino e Abele 143
Cangrande della Scala 208
Carlo Martello d'Angiò 196
Caronte 30
Casella 119
Casentino 89
Catone l'Uticense 119
Cavalcante Cavalcanti 55
Celestino V 30
Cerchi e Donati 55
Chiara d'Assisi 174
Cimabue e Giotto 143
Clemente IV 130
Costanza d'Altavilla 174
Costanza d'Aragona 130
Cunizza da Romano 196
Diomede 89
Domenico di Guzmàn 196
Enea 17
Eresia 55
Farinata degli Uberti 55
Federico II di Svevia 65
Francesco d'Assisi 196
Gaeta 89
Ganimede 143
Giacobbe 219
Giasone 77
Gioacchino da Fiore 197
Giuda Iscariota 107
Giustiniano 183

Guido Guinizzelli e Guido Cavalcanti 143
Ippolito 208
Jefte 183
La famiglia Colonna 89
La famiglia Donati 154
La moglie di Putifarre 89
Lancillotto 42
Lia e Rachele 163
Lucifero 107
Manfredi 130
Manfredi e Carlo d'Angiò 100
Maometto e Alì 89
Marzia 119
Matelda 163
Minosse 42
Minotauro 65
Mirra 89
Montaperti 55
Niccolò III e Bonifacio VIII 77
Oderisi da Gubbio 143
Orazio, Ovidio e Lucano 30
Orfeo 30
Orlando 100
Paolo e Francesca 42
Pia de'Tolomei 130
Piccarda Donati 174
Pier Damiani 219
Pier della Vigna 65
Pisistrato 143
Pluto 55
Raimondo Berengario 183
Rifeo 219
Romeo di Villanova 183
Salomone 197
San Bernardo 219
San Paolo 17
Santa Lucia 17
Sapìa 143
Sinone 89
Siviglia e Ceuta 89
Sordello 143
Stazio 154
Tiresia, Manto, Calcante 77
Tolomea 100
Tommaso d'Aquino 196
Torre di Babele 100
Traiano 219
Tristano e Isotta 42
Ugolino e Ruggieri 100
Virgilio 17

Appunti

Appunti

Appunti

LeggerMENTE

I GRANDI CLASSICI

G. Boccaccio **Decameron**

Amori, duelli, magie. L'epica medievale
a cura di A. Cristofori

M. Shelley **Frankenstein**

B. Stoker **Dracula**

A. Mazzaferro **La storia di Odisseo**

F. H. Burnett **Il giardino segreto**

M. Maggi **Enea**

D. Alighieri **La Divina Commedia**

A. Manzoni **I Promessi Sposi**

M. de Cervantes **Don Chisciotte**

W. Shakespeare **Tragedie e commedie**

E. Salgari **Sandokan**

J. London **Il richiamo della foresta**

J. Verne **Ventimila leghe sotto i mari**

M. Twain **Le avventure di Tom Sawyer**

A. de Saint-Exupéry **Il piccolo principe**

L. Pirandello **Novelle scelte**

L'ira di Achille a cura di M. Maggi

R.L. Stevenson **L'isola del tesoro**

Vamba **Il giornalino di Gian Burrasca**

G. Verga **I Malavoglia**

L. Ariosto **Orlando furioso**

F. Sarcuno **Mitica Grecia**

C. Goldoni **Pazzi per le vacanze**

Boccaccio e altri autori **Novelle comiche
e di beffa**

A. Dumas **Robin Hood**

F. Molnár **I ragazzi della via Pál**

Il diario di Anna Frank a cura di M. Maggi

Le Metamorfosi a cura di M. Giuliani

A. Cristofori, D. Vitulano **Il cerchio mitico**

RACCONTI D'AUTORE

Favole di ieri, di oggi, di sempre
a cura di M. Maggi

E.A. Poe **Racconti di paura**

C. Dickens **Canto di Natale**

R.L. Stevenson **Dr Jekyll e Mr Hyde**

G. Verga **Rosso Malpelo**

J.K. Jerome **Storie di fantasmi per il dopocena**

O. Wilde **Il fantasma di Canterville**

A.C. Doyle **Le avventure di Sherlock Holmes**

La rosa rossa a cura di M. Giuliani

Mistero e paura a cura di M.C. Sampaolesi

Il filo di Arianna a cura di M. Giuliani

ORA E POI

La Seconda Guerra Mondiale
a cura di M.C. Sampaolesi

Carte da lettera a cura di V. M. Nicolosi

R. Melchiorre **Sulle tracce di Gandhi**

F. Piccini, S. Savini **Sotto il segno della bilancia**

G. Di Vita **Onde - Uomini in viaggio**

G. Di Vita **Alya e Dirar**

G. Di Vita **Il Muro**

M. Maggi **Quando si aprirono le porte**

M. Maggi **E il vento si fermò ad Auschwitz**

E. Colonnesi, S. Galligani **Storia di Zhang**

E. Colonnesi, S. Galligani **Viaggio a Kabul**

C. Scarpelli **Il bullo innamorato**

F. Sarcuno **Il diario di Edo**

R. Melchiorre **Madiba**

M. Papeschi **Sulle tracce della Grande Guerra**

A. di Prisco **Il poeta favoloso**

M. Strianese **Il domatore di libri**

M. Giannattasio **Trappola nella rete**

R. Melchiorre **Il ragazzo di Capaci**

C. Scarpelli **Mi piace**

R. Melchiorre
Il diario segreto di Leonardo da Vinci

M. Giannattasio **Chi vuol esser lieto, sia**

R. Melchiorre **Il bosco di Sofia**

M. Castagna **Grosso guaio a Cinecittà**

P. Palliccia, E. Cordioli, D. Conati
Il poeta incoronato

R. Melchiorre **Dante Alighieri.
Il racconto di una vita**

NON SOLO LETTERE

M. Carpineti **Un occhio nello spazio**

A. Cristofori **Viva Verdi**

P. Ercolini **Il valzer del bosco**

M. Papeschi, S. Azzolari **1848**

L. Corvatta **Una missione speciale**

A. Sòcrati **L'uovo cosmico**

ATTUALMENTE

G. Di Vita
**Costituzione e legalità. La convivenza
civile come arricchimento e libertà**

V. Giuliani
**E tu? Percorsi di cittadinanza attiva
per comprendere il nostro tempo**

S. Lisi, C. Piccinini, F. Senigagliesi
**Sguardo sul mondo. Problematiche
di attualità e spunti di riflessione**

R. Melchiorre
**Storie di oggi. L'attualità raccontata
ai ragazzi**

L. Pagliari **Cyberbullismo. Le storie vere
di chi lo ha sconfitto**